Reichert · Sadler

Bioladen-Kochbuch

Eva Reichert · Thomas Sadler

Bioladen-Kochbuch

Die Autoren

Eva Reichert und Thomas Sadler beschäftigen sich seit Mitte der 1990er Jahre beruflich wie privat mit Bio-Lebensmitteln. Bei ihnen dreht sich alles um Essen mit „BIOgraphie". Kopf und Bauch – das geht für die beiden Autoren Hand in Hand. Sie essen leidenschaftlich gerne gutes Essen und sind immer auf der Suche nach Lebensmitteln mit Geschichte. In Bioläden finden sie häufig Inspirationen für neue Gerichte.

Das Ehepaar ist auch beruflich ein eingespieltes Team, das als „Foodstoryteller" in Wort und Bild in der Bio-Branche tätig ist. In ihrer Projekt- und Ideenwerkstatt bringen Eva Reichert und Thomas Sadler Projekte und Ideen für authentische Lebensmittel sowie nachhaltige Ess- und Genusskultur auf den Weg. Ihr Faible für Essen mit „BIOgraphie" teilen sie in Veranstaltungen, Seminaren und Kochkursen in ihrer praxisnahen Lern- und Genusswerkstatt mit. Ihre Rezepte inspirieren zu einer genussvollen, nachhaltigen und alltagstauglichen Küche. Alles für ein gutes Bauchgefühl!

www.die-essgefaehrten.de

Danksagung

Unser besonderer Dank gilt Uta Spieldiener von TRIAS für die gute und wertschätzende Zusammenarbeit sowie das entgegengebrachte Vertrauen, die Buchidee des Verlags für das vorliegende Kochbuch mit uns konzeptionell entwickelt und realisiert zu haben. Sowie dem mitwirkendem TRIAS-Team und unserer Redakteurin Ursula Brunn-Steiner für die tolle Bearbeitung und Umsetzung des Buches.

Ein großes Dankeschön geht an die portraitierten Erzeuger und Unternehmen für ihr Interesse, Engagement und ihre Zeit. Danke, dass Sie dieses Buch zusätzlich bereichern. Übrigens: Keine Betriebe oder Firmen haben für eine Empfehlung oder Nennung bezahlt. Es handelt sich um unsere persönliche Auswahl. Für die konstruktiven Anmerkungen, wertvollen Anregungen zu den Rezepten und die motivierende Unterstützung danken wir unserer Familie, unseren Freunden und unseren Gefährten aus Nah und Fern. Zwei kulinarische Sonder-Grüße gehen nach Berlin!

Liebe Leserin, lieber Leser,

sind Sie schon Stammkunde in Ihrem Lieblings-Bioladen oder entdecken Sie gerade die Vielfalt ökologisch erzeugter Lebensmittel im Bioladen um die Ecke? Oft kauft man die Produkte für den täglichen Bedarf oder gezielt nach Zutatenliste für ein Rezept: von Salat über Brot und Molkereiprodukte bis hin zu Mehl, Gewürzen und Getreide. Manchmal findet man glücklicherweise aber im hektischen Alltag doch die Zeit, mit Muße einzukaufen oder lässt sich von Empfehlungen der netten Mitarbeiter des Bioladens inspirieren.

Es gibt immer wieder Neues im Bioladen zu entdecken: neue Produkte, unbekannte Lebensmittel und altbewährte Zutaten, die Lust machen, mal etwas Neues auszuprobieren. Dann gestaltet sich der Einkauf im Bioladen zugleich als kleines Abenteuer, das uns staunen lässt über die unglaubliche Produktvielfalt, die hier herrscht. Alleine die unzähligen Reissorten faszinieren, die Getreidearten, von denen man selten oder vielleicht noch nie gehört hat, die vielen Soja-Produkte, die unbekannten Öle und Essige. Vielleicht fragen Sie sich auch: Soll ich doch mal was mit Algen, Seitan, Miso oder wiederentdeckten Gemüse-Sorten probieren? Nur Mut – die passenden Rezepte finden Sie in diesem Kochbuch.

Denn wir haben uns gefragt: Wie bringe ich Lebensmittel aus dem Bioladen genussvoll und kreativ auf den Teller? Diese Frage verbunden mit unserer Leidenschaft für Ess- und Genusskultur waren Antrieb, das vorliegende Buch zu schreiben. Dafür sind wir kreuz und quer durch Deutschland gereist, haben die unterschiedlichsten Bioläden erkundet und viele neue Produkte entdeckt. Mehrere Monate lang haben wir gekocht und probiert, Freunde eingeladen und gemeinsam gegessen.

Denn die neuen Gerichte sollten nicht nur uns schmecken, sondern von mehreren Menschen „live" getestet werden.

So bietet Ihnen unser Bioladen-Kochbuch die nötigen Rezepte und Anregungen, um die vielleicht etwas eingefahrenen Kochwege in der Alltagsroutine zu verlassen. Doch auch bodenständige Gerichte aus der vegetarischen Küche, schnelle Alltagsgerichte mit köstlichen Zutaten und der „Sonntagsbraten" finden sich auf den nachfolgenden Rezept-Seiten. Und wer es ganz schnell mag: Aus Halbfertiggerichten oder Convenience-Produkten lassen sich unkompliziert neue Kreationen zaubern. Außerdem finden Sie Verwertungsvorschläge für Zutaten, die im Bioladen gekauft wurden und die dann eventuell mangels Ideen im Vorratsschrank stehen.

Neun Lebensmittelgruppen bilden neben den Rezepten die Fülle des Bioladens beispielhaft ab. Neun Geschichten rund um Bio und die Menschen dahinter ergänzen den Einblick in die Bio-Erzeugung und -Verarbeitung: Gärtner, Landwirte und Verarbeiter sprechen von ihrer Philosophie und Arbeitsweise.

Wir laden Sie ein, die Vielfalt des Bioladen-Angebotes mit uns zu entdecken und Neues auszuprobieren. Wir wünschen unseren Leserinnen und Lesern viel Freude beim Nachkochen, beim Genuss und einen guten Appetit! Bleiben Sie neugierig!

Eva Reichert und Thomas Sadler

Der Einkauf im Bioladen

Als vor über 30 Jahren die ersten Bioläden Lebensmittel aus ökologischer Erzeugung und Verarbeitung anboten, war das allgemeine Interesse der Verbraucher eher verhalten. Längst sind diese Zeiten vorbei. Nicht nur das Angebot an Bio-Lebensmitteln wächst, sondern auch die Anzahl der Bioläden und Bio-Supermärkte.

Was früher als Bio-Ware vor allem aus regionaler Herkunft sozusagen vor der Haustür angeboten wurde, ist heute in der globalisierten Welt angekommen. Verstärkt und konsequent ist das regionale Bio-Angebot zur Selbstverständlichkeit im Bioladen geworden und geblieben. Es entspricht unserer Erwartungshaltung als (Bio-)Kunden, denn es geht um Vertrauen und Transparenz.

Darauf sollten Sie beim Einkauf achten

Wie gesundheitsverträglich, wie umweltverträglich, wie sozialverträglich und wie wirtschaftsverträglich ist unser Lebensmittel-Einkauf und damit unser Essen? Art und Menge unserer Nahrung haben entscheidende Einflüsse auf unseren eigenen Körper, auf die Natur, auf andere Menschen und auf die wirtschaftliche Situation der Beteiligten. Bio bietet in dieser Hinsicht (Mehr-)Werte: Genuss, Gesundheit, Gerechtigkeit und Klimaschutz. Achten Sie daher auch beim Einkauf im Bioladen auf:

- regionale und saisonale Erzeugnisse
- fair gehandelte Lebensmittel
- die Bevorzugung pflanzlicher Lebensmittel
- umweltverträglich verpackte Produkte

Und: Planen Sie Ihre Einkaufsmengen sorgfältig, um Ressourcen zu schonen und Lebensmittelabfälle zu vermeiden. Bleibt dennoch etwas übrig, kann es beispielsweise eingemacht oder eingefroren werden.

Doch bei alledem: Der Genuss ist beim Essen besonders wichtig! Pure Lebensfreude genießen. Sich Zeit nehmen zum Essen und Trinken – ob alleine mit einem frisch aufgebrühten Tee oder gemeinsam mit Familie oder Freunden an einem großen Tisch.

Das sollten Sie zu Hause haben

Ergänzend zu den Informationen am Anfang der einzelnen Rezeptkapitel stellen wir Ihnen hier eine Auswahl an haltbaren Lebensmitteln aus dem Bioladen vor, die es lohnt, zu Hause zu haben – damit Ihnen nicht erst beim Kochen auffällt, dass noch etwas fehlt. Außerdem zeigen wir Ihnen hier etwas ausgefallenere Lebensmittel, die Sie anregen sollen, Neues auszuprobieren.

Ein paar Basics aus der Vorratskammer reichen oft aus, um ein schmackhaftes Gericht zu kreieren. Und wenn mal etwas aus sein sollte, denken Sie an

den guten alten Einkaufszettel – je nach Vorliebe traditionell auf einem Stück Papier oder auch digital. Damit beim nächsten Kochen wieder alles zur Hand ist.

Öl & Essig

Öl und Essig sind aus der Küche nicht wegzudenken, sie gehören einfach dazu. Von beidem ist eine reichhaltige Vielfalt im Bioladen zu finden. Zur Basisausstattung gehört ein Öl, mit dem sich gut braten lässt. Speziell als Bratöl ausgezeichnete Produkte, z. B. auf Basis von Sonnenblumenkernen, Rapssaat (beide bis etwa 220 °C erhitzbar) oder Oliven (bis 190 °C), sind reich an der einfach ungesättigten Ölsäure und für hohe Temperaturen, wie sie beim Braten entstehen, geeignet. Ebenso hoch erhitzbar ist übrigens auch Kokosfett (bis 220 °C).

Für die kalte Küche und Salate können wir nicht auf ein gutes Olivenöl („nativ extra" ist die Bezeichnung für eine besonders hohe Qualität bei Olivenöl) verzichten und variieren gerne mit nussigem Sonnenblumenöl.

Der Entdeckergeist wird inspiriert durch das schwarzgrüne Kürbiskernöl. Es ist für Salatdressings ebenso wie zum Garnieren von Suppen geeignet. Kürbissuppe ist hierfür ein Klassiker, aber auch Kartoffelsuppe und Gerichte mit Roter Bete vertragen die herbe Note.

Ein günstiges Verhältnis von Omega-3- und Omega-6-Fettsäuren bieten sowohl das Leinöl als auch das leicht an Erbsen und Grünspargel erinnernde Leindotteröl. Letzteres ist nur vom Namen her dem Leinöl ähnlich, denn es ist eine eigenständige Pflanze aus der Familie der Kreuzblütler. Beide Öle sind für die kalte Küche zu verwenden; man kann es zu Kartoffeln, Kräuterquark, geröstetem Brot oder zur Geschmacksabrundung über gekochte Gerichte am Ende der Kochzeit geben. Mildes Leinöl kann auch süße Speisen, Müsli und Früh-

stücksbreie ergänzen. Das nussige Hanföl ebenso wie das Leinöl am besten im Kühlschrank aufbewahren, da beide Öle recht schnell verderben.

Die intensive Sesamnote von geröstetem Sesamöl verträgt sich prima mit asiatischen Gerichten, Arganöl (vor allem das geröstete) mit nordafrikanischen Speisen. Das aus der indischen Küche bekannte Ghee (oder das Butterschmalz aus Omas Küche) ist zum Braten geeignet und dabei leicht verdaulich. Der feine Buttergeschmack ist der Hit bei Bratkartoffeln und rundet gedünstetes Gemüse geschmacklich wunderbar ab.

Manche Hersteller pressen Zitronen zusammen mit Oliven. Das Ergebnis ist ein fruchtig-frisches Olivenöl mit intensivem Zitronenaroma, passend zu Salaten oder Hülsenfrucht-Gerichten. Besondere Kostbarkeiten, die auch immer ein schönes Geschenk für einen lieben Menschen sind, sind Öle wie Avocadoöl (für Blattsalate oder zu Karotten, aber auch zum scharf Anbraten geeignet), Hasel-

nussöl (z. B. für Obstsalate, auch zum Backen oder Braten verwendbar), Schwarzkümmelöl (verdauungsfördernd, besonders für Eintöpfe, Kohl- und Hülsenfrucht-Gerichte, am Ende der Kochzeit zugeben) oder mildes Mohnöl (zu Müsli, Obstsalaten, als Salatdressing).

Die empfehlenswerte Basisausstattung für Essig umfasst Weißweinessig (für feine Blattsalate, helle Hülsenfrucht-Gerichte, Mayonnaisen) und Rotweinessig (kräftige Blattsalate, Wildgerichte, dunkle Hülsenfrucht-Gerichte). Wer es etwas lieblicher mag, dem sei Apfelessig empfohlen. Ein Must-Have für die Liebhaber der italienischen Küche ist der Aceto Balsamico di Modena, passend zu vielen Blattsalaten, gedünsteten Gemüsesalaten oder zu frischen Tomaten. Die cremige Alternative ist die Crema di Balsamico, noch etwas süßer als das Ausgangsprodukt und dadurch neben den klassischen Essigeinsatzgebieten auch für Obst oder Desserts geeignet.

Entdecker finden im Essigregal eine besondere Variante des Apfelessigs, den süß-cremigen Apfel-Balsam-Essig. Dieser harmoniert gut mit Fischgerichten und sogar mit frischen Erdbeeren. Crema bianco, die helle Variante der Crema di Balsamico, ist ebenso für Nachspeisen und Obst, aber auch für Käse oder zum Abschmecken von Fisch oder hellem Fleisch geeignet.

Aromatisierte Essige wie Himbeer-, Sauerkirsch-, Lavendel-, Johannisbeer-, Estragon- oder Honigessige bieten Abwechslung bei der Zubereitung von Sommersalaten.

Gewürze & Kräuter

Wir lieben die Geschmacksvielfalt an Kräutern und Gewürzen. Daher empfehlen wir ein großes Regal, damit eine umfangreiche Basisausstattung an Gewürzen und Kräutern (getrocknet) Platz darauf finden.

Beliebte Würzkräuter, die sich vielseitig, von Gemüse über Eierspeisen, Kartoffelgerichte, Eintöpfe bis hin zu Fisch und Fleisch, einsetzen lassen, sind:

- Liebstöckel (das beliebte „Maggikraut")
- Majoran (vor allem für fette Speisen, sparsam dosieren, sonst zu dominant)
- Oregano (ähnlich dem Majoran, beliebtes Pizzagewürz)
- Rosmarin (fördert die Fettverdauung)
- Thymian (wirkt Völlegefühl entgegen)
- Estragon (appetitanregend, verdauungsfördernd)
- Bohnenkraut (wirkt verdauungsfördernd und passt, der Name weist schon darauf hin, prima zu grünen Bohnen und zu Hülsenfrüchten sowie fettreichen Speisen)
- Kümmel (hat ähnliche Eigenschaften wie Bohnenkraut)
- Lorbeerblätter (für Eintöpfe, Suppen, Schmorgerichte oder Brühen. Übrigens: Manche Bioläden bieten frische Lorbeerblätter im Sträußchen an – ein Geschmackserlebnis!)
- Pfeffer (am besten immer frisch gemahlenen)
- Muskat oder auch Macis/Muskatblüte (für klare Suppen, aber auch für Kartoffelgerichte)
- Cayenne-Pfeffer, Chili oder Chiliflocken (sorgen für Schärfe)
- Kurkumapulver (leicht bitter, färbt Speisen schön gelb und regt zugleich den Gallefluss an)
- Curry-Mischungen (mild und scharf oder als Paste)
- Kardamom (wärmend, für Süßspeisen)
- Zimt (wärmend, für Süßspeisen)

Für das weitere Experimentieren empfehlen wir die Hildegard-Gewürze und auch exotische Gewürze wie:

- Bertramwurzel (das Universalgewürz)
- Galgant (leicht scharf, aromatisch-zitronig)
- Quendel (wilder Thymian)
- Ysop (würzig-minzig, leicht bitter)
- Beifuß (pfeffrig-minzig, vor allem für fettreiche Gerichte)
- Asafoetida (ein in der ayurvedischen Küche beliebtes Gewürz mit würzig-aromatischem, an Zwiebeln erinnerndem Geschmack; es wird aus einem Harz gewonnen, erleichtert die Verdauung, passt gut zu Hülsenfrucht-Gerichten, Currys, Gemüse, Eintöpfen und Suppen)
- Langer Pfeffer (scharf, leicht süßlich, muss vor Gebrauch zermahlen werden, zum Beispiel in einem Mörser, kann wie Pfeffer Verwendung finden, er bietet jedoch ein breiteres Aromenspektrum)
- Zitronengras (für die fernöstliche Note, verwendet wird der weiße, innere Teil, der eher holzig ist, deshalb wie Lorbeerblätter vor dem Servieren entfernen)
- Brotgewürz (meist eine Mischung aus Kümmel, Fenchel und Koriandersamen)
- Schabzigerklee (für Brote)
- Lebkuchengewürz (für Weihnachtsgebäck und Desserts mit intensiver Note)
- Kaffeegewürz (für raffinierte Desserts und Heißgetränke)

Viele weitere Gewürze und kreative Gewürzmischungen finden sich im Bioladen. Nehmen Sie einfach den persönlichen Geschmack, gespickt mit Entdeckergeist und Freude am Experimentieren, als Kompass und lassen Sie sich überraschen.

Salze

Ohne Salz, das weiße Gold, schmecken die meisten Gerichte einfach fad, oder? Salz wird von uns Menschen seit rund 12.000 Jahren genutzt. Dabei hatte es allerdings nicht nur einen alltäglichen Gebrauchswert, sondern oft Symbolcharakter. In der antiken Mythologie wurde es zum Beispiel als Göttergabe gesehen. Doch auch in einem Märchen unserer Zeit spielt das Salz eine tragende Rolle:

Der König fragt seine Töchter, wie sehr sie ihn lieben. Nur die Jüngste antwortet: „Wie das Salz in der Suppe." Der König ist erbost über diese Antwort und verbannt die Tochter. Erst nach Jahren merkt er, dass er der Prinzessin Unrecht getan hatte. Man kommt nicht gut aus ohne Salz.

Salz ist mehr als ein einfaches Mittel zum Würzen, Salzen oder Konservieren. Es ist unentbehrlich für alles Leben. Es liefert dem Körper wichtige Mineralien, wie Kalium, Zink und Calcium.

Doch Salz ist nicht gleich Salz; ein Naturprodukt aus den Bergen, aus dem Meer oder mit Gewürzen versetzt. Da hat man die Qual der Wahl im Bioladen: feines Steinsalz, Sel Gros (grobes Meersalz) oder blumig-aromatisches Fleur de Sel, die verschiedensten Kräuter- und Gewürzsalze. Eine salzige Angelegenheit. Für die Vorratskammer empfehlen wir die Basisausstattung mit einem feinen Steinsalz für den Streuer und einem groben Steinsalz für die Mühle.

Steinsalz entstand vor Jahrmillionen durch Ablagerungen aus Meerwasser oder durch Verdunstung von Meerwasser. Im Prinzip ist es nichts anderes als Meersalz, nur eben sehr alt. So kam es auch zu dem Beinamen Ursalz. Steinsalz ist ein traditionell eingesetzter, heimischer Rohstoff – sozusagen aus dem Berg auf den Tisch oder in die Mühle. Es lagert bis heute in mehreren hundert Metern Tiefe und wurde dort keinerlei Umwelteinflüssen oder Verunreinigungen ausgesetzt.

Meersalz. Für die Gewinnung von Meersalz wird salzhaltiges Meerwasser in sogenannte Salzgärten geleitet, wo es in großen flachen Becken verdunstet und anschließend als Meersalz geerntet wird.

Was wäre aber eine kreative Küche ohne eine richtige Salz-Komposition – als Ayurveda-Gewürzsalz, als Blüten-Salz oder Rauchsalz mit Hickory-Aroma? Im Trend liegen auch Meersalz-Kompositionen, die mit mediterraner Note zum Würzen von Gemüse, Geflügel oder Risotto geeignet sind oder mit einer scharf-würzigen Note zum Würzen von Linsen- oder Fleischgerichten. In unseren Gewürzregalen in der Küche haben wir nicht selten ebenfalls die Qual der Wahl. Salz sei Dank.

Nudeln mit Sauce

Pasta, Pasta und nochmals Pasta! Ohne Nudeln in unserem Vorratsschrank wären wir manchmal aufgeschmissen. Eine wunderbare Erfindung, diese Teigwaren, sie lassen sich schnell zubereiten und sind richtig schön sättigend.

Basics, die wir immer dahaben: Hartweizennudeln, Dinkelnudeln, Suppennudeln und gefüllte Nudeln (trocken). Von der Nudelform her – je nach Gusto: Spaghetti, Spaghettini, Linguine, Bandnudeln, Buchstabennudeln (falls unsere Neffen und Nichten spontan zu Besuch kommen), Tortellini oder Spirelli.

Spannend wird die Kochkunst mit mild schmeckenden Sojanudeln, fein-nussigen Buchweizennudeln, herzhaften Emmer- und leicht süßlich schmeckenden Einkorn-Nudeln, Nudeln aus Reis oder aromatischen Maisnudeln.

Zu jeder noch so einfachen oder außergewöhnlicheren Nudelsorte gehört eine gute Sauce. Die ist mit den richtigen Zutaten in der Vorratskammer schnell gemacht: ob aus Tomatenpolpa, Tomatenpassata oder geschälten Tomaten aus der Dose. Die Grundlage für eine fruchtige Sauce ist gelegt. Noch ein paar Zwiebeln, etwas Knoblauch und Gewürze dazu – fertig.

Oder noch einfacher: Fertigsaucen aus dem Bio-Regal. Durch verschiedene Pestos, Kräuter- und Gemüse-Pasten bekommen die Geschmacksknospen Abwechslung. Einfach mal ein mildes Ajvar, eine feurig-scharfe Harrissa-Paste, eine aromatische schwarze Oliven-Tapenade oder eine herzhaft-fruchtige Paprika-Bruschetta unter die Nudeln mischen. Mit Salz und Pfeffer abschmecken und genießen.

Milchersatzprodukte & Drinks

Ein leckeres Müsli oder ein warmes Porridge – das gehört für uns oft zu einem guten Start in den Tag. Meistens mischen wir Milch mit Getreide- oder Nuss-Drinks. Oder wir genießen die Drinks pur mit Müsli oder gekocht als Brei-Grundlage. Getreide- und Nuss-Drinks sind ideal für die Vorratskammer, das sie über Monate haltbar sind. Zudem sind sie frei von Cholesterin und genauso wie Kuhmilch können sie erhitzt und verarbeitet werden. Variationen von Soja-, Hafer- oder Dinkel-Drinks bringen Geschmacksvielfalt in die Müsli-Schüssel.

Reis-Drinks haben eine leichte Süße und sind ideal für süße Speisen. Auch für Saucen und zum Backen eignen sich die milchfreien Produkte. Einfach mal einen Pfannkuchenteig mit einem der Drinks versuchen, je nach Ausgangsprodukt schmecken sie immer wieder anders.

Ein Basisprodukt als Sahnealternative ist Sojasahne. Manche dieser Produkte lassen sich gut aufschlagen und eignen sich zum Verfeinern von

Suppen und Desserts. Reis-, Hafer- oder Dinkel-sahne lassen der Kreativität freien Raum und sind zudem sojafrei, allerdings nicht zum Aufschlagen geeignet.

Für Entdecker und Naschkatzen bietet der Biola-den weitere leckere Alternativen. Wie wäre es mit einem Glas schokoladigen oder fruchtigen Soja-drink für zwischendurch oder einem Haselnuss-drink mit frischen Früchten? Oder vielleicht doch eine große Tasse cremiger Mandel-Macchiato?

Süßungsmittel

Als Basisausstattung für die süßen Seiten des Le-bens empfehlen wir Honig, Rohzucker und Aga-vendicksaft, maßvoller Umgang natürlich voraus-gesetzt.

Honig steht in großer Auswahl im Bioladen bereit, um pur verzehrt zu werden oder als Zucker-Al-ternative zu dienen. Ob für Desserts, Saucen und raffinierte Dressings: Die Süße des Honigs gibt auch herzhaften Gerichten den letzten Pfiff. Um alle wertvollen Inhaltsstoffe und das volle Aroma zu erhalten, sollte Honig nach Möglichkeit erst am Ende eines Garprozesses zugefügt werden. Helle Honigsorten schmecken mild und süß, dunkle Ho-nige eher kräftig und herber.

Rohrohrzucker (oder Rohzucker aus Zuckerrüben) eignet sich mit seinem leicht karamellartigen Ge-schmack für Süßspeisen, Getränke, Desserts und zum Backen.

Agavendicksaft bietet eine feine, meist neutra-le Fruchtsüße zum Süßen von Getränken, Müslis oder Süßspeisen und ist ebenso zum Backen ge-eignet. Im Bioladen wird er oft in der Spenderfla-sche zur leichten Dosierung angeboten.

Für Leckermäulchen sind weitere, exotisch anmu-tende Süßungsmittel im Bioladen-Angebot: der unraffinierte Vollrohrzucker Mascobado, der leicht karamellig schmeckende Rapadura-Zucker für besonders süße Momente, die peppigen Ahorn-sirupflakes oder Kokosblütenzucker mit sanftem Karamellaroma. Ahornsirup eignet sich besonders gut zu Pfannkuchen, Puddings, Müsli, Joghurts, Früchten und Gebäck.

Cremiges Einkorn-Risotto mit Champignons

Auf einer sommerlichen Ge-
nuss-Reise durch den Chiemgau
haben wir das Perl-Getreide entdeckt: Perl-Dinkel, -Emmer und
-Einkorn von Chiemgaukorn. Gerade der Perl-Einkorn hat es uns
angetan: Sein mild-nussiges Aroma
hat uns überzeugt. Eine echte Alternative zu Risotto-Reis, und das
aus heimischem Anbau.

▶ Seite 48

Fruchtige Tomatensuppe mit Gin

Einfach in der Zubereitung, fruchtig
im Geschmack und mit dem gewissen Pfiff. In dieser Variante allerdings nur für Erwachsene.

▶ Seite 124

Soba-Nudel-Salat mit Sesam

Monika Ruschin von Ruschin Makrobiotik hat uns auf die Idee zu
diesem Gericht gebracht. Nach an-
fänglicher Skepsis – japanische Nudeln! – kommt das Gericht bei uns
nun regelmäßig auf den Tisch.

▶ Seite 112

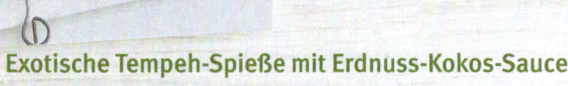

Exotische Tempeh-Spieße mit Erdnuss-Kokos-Sauce

Tempeh ist für uns eine wunderbare Entdeckung. Wir hatten
immer wieder davon gehört, uns aber nicht so recht darange-
traut. Durch die Arbeit an diesem Kochbuch wagten wir den
ersten Schritt. Bei Produktrecherchen auf der BioFach in Nürn-
berg empfahlen uns gleich mehrere Leute immer wieder einen
bestimmten Tempeh-Hersteller (die tempehmanufaktur). Dann
stellte sich heraus, dass sich dessen Produktion nur wenige Kilo-
meter von unserem Wohnort entfernt befindet, das Gute liegt so
nah! Nun sind wir süchtig nach Tempeh. Die exotischen Spieße
mit der Kombination aus Ananas und knackigen Erdnüssen gehören definitiv unter die TOP TEN.

▶ Seite 76

Gefüllte Hähnchenbrust mit Datteln

Eine tolle Geschmacks-Kombinati-
on durch die fein-süßliche Dat-
tel-Füllung und dem Hauch von
Senf. Als wir das Gericht zum ersten Mal gegessen haben, fühlten
wir uns wie im Süden.

▶ Seite 154

Berglinsen-Curry mit Salzzitrone

Wir freuen uns immer wieder, mit Freunden an einem Tisch zu sitzen, gemeinsam zu genießen und über Essen zu reden. Als Mitbringsel bekamen wir einmal selbst eingelegte Salzzitronen. Seitdem kombinieren wir voller Begeisterung vor allem Hülsenfrucht-Gerichte damit, zum Beispiel Linsen. Eine echt gelungene Geschmacks-Paarung, wie wir finden.

▶ Seite 24

Gegarte Rondini mit Gremolata und Butterflöckchen

Man glaubt gar nicht, dass die kleinen Rondini-Kürbisse unter der harten Schale so viel Geschmack haben. Aber wie heißt es so schön: harte Schale, weicher Kern. Als schnelle Beilage sind sie sehr einfach in der Zubereitung. Echte Geschmackskugeln mit vollem Aroma.

▶ Seite 133

Kartoffelspieße mit Petersilienpesto

Schon allein die farbliche Komposition ist der Hit. Und der Geschmack steht der Optik in nichts nach.

▶ Seite 90

Tarte Tatin

Ob es funktioniert mit dem umgedrehten Backen? Nach anfänglichen Zweifeln dann die Überraschung: Es klappt! Wenn die Tarte auf den Tisch kommt, freuen sich unsere Mamas und Oma Maa – und die Kuchenplatte ist im Nu leer. Köstlich mit einem Klecks Sahne und für die besondere Note: „Süßes aus aller Welt"-Gewürze von Herbaria. Unser Favorit: Grandma's Flash.

▶ Seite 168

Schokonusskuchen mit Haselnuss-Krokant

Die Traubenkonzentrat-Füllung als süß-säuerlicher Kontrast zur zart-herben Schokolade macht den Kuchen rund im Geschmack. Mit Traubenkonzentrat, fragen Sie sich? Ein Name, der vielleicht nicht ganz dem Inhalt gerecht wird. Auf Italienisch heißt es nämlich Composta d'uva – das macht doch gleich mehr Appetit, oder?

▶ Seite 181

Welche sind Ihre Rezept-Highlights? Schreiben Sie uns, wir sind neugierig: post@die-essgefaehrten.de

15

Hülsenfrüchte gehören schon seit Jahrtausenden zu unseren Lebensmitteln und damit zu den ältesten Kulturpflanzen der Menschheit. Mit ihrem hohen Eiweißgehalt (im Schnitt zwischen 20 und 25 %) tragen sie in vielen Erdteilen zur Eiweißversorgung bei. Zu den Hülsenfrüchten zählen die reifen, getrockneten Samen der Pflanzen aus der Familie der Schmetterlingsblütler.

Besonders im Bioladen finden Sie eine reiche Auswahl an Hülsenfrüchten: die verschiedensten Linsen, Erbsen, Bohnen und Minestrone-Mischungen. Sogar Erdnuss und Lupine gehört zu den Hülsenfrüchten. Die Auswahl reicht von getrocknet über bereits gegart und küchenfertig in Glas oder Dose bis hin zu verarbeiteten Fertigprodukten, wie Kichererbsenmehl (Besan) oder Falafelmischungen.

Aus Sojabohnen lassen sich neben Tofu und Tempeh Sojaflocken, feine und grobe Sojaschnetzel sowie Sojamehl, das als Ei-Ersatz dient, gewinnen.

Frische Erbsen, Zuckererbsen, grüne Bohnen oder Stangenbohnen gehören botanisch ebenfalls zu den Schmetterlingsblütlern, zählen jedoch im frischen Zustand zum Gemüse. Außerdem stecken in den runden und ovalen Samen 40–45 % Kohlenhydrate, 15–25 % sättigende Ballaststoffe, B-Vitamine

(B_1, B_2, B_6), Mineralstoffe und Folsäure. Hülsenfrüchte machen übrigens nicht dick. Der Fettanteil von Hülsenfrüchten, ausgenommen Sojabohnen und Erdnüssen, ist gering. Aufgrund der in Hülsenfrüchten enthaltenen Purine müssen jedoch Gichtpatienten vorsichtig sein.

Hülsenfrüchte in der Küche

Allmählich erobern die Hülsenfrüchte unseren modernen Speiseplan. Kulinarisch gesehen bieten sie eine Bandbreite an Zubereitungs- und Kombinationsmöglichkeiten: deftige Erbseneintöpfe, Suppen wie Minestrone, Salate mit Linsen und Bohnen, orientalisches Hummus, indische Dals, abwechslungsreiche Brotaufstriche, knusprige Burger, ja sogar Süßspeisen aus Azukibohnen kommen in Japan auf den Tisch. Aus Kichererbsenmehl lassen sich knusprige Pizzen zaubern, außerdem kann es zum Binden von Saucen Verwendung finden. Sojamehl kann als Ei-Ersatz dienen. Man rechnet 1–2 Esslöffel Sojamehl für ein Ei. Die Eimenge lässt sich zum Beispiel bei Hefegebäck, Kartoffel- oder Mehlspeisen um die Hälfte reduzieren und durch Sojamehl ersetzen.

Am besten kombiniert man Hülsenfrüchte mit Getreide, dadurch erhält das Gericht eine ausgewogene und vollständige Kombination aller wich-

tigen Eiweißbausteine, die Hülsenfrüchte oder Getreide für sich alleine gesehen nicht aufweisen. Interessanterweise enthalten viele traditionelle Gerichte genau diese Kombination: Dal (geschälte und gespaltene Hülsenfrüchte) mit Reis in Indien, Mais bzw. Polenta und Bohnen in Mexiko und Südamerika, Reis mit Tofu in Asien, Hirse mit Kichererbsen in Nordafrika und die aus dem Schwäbischen bekannten Linsen mit Spätzle.

Wie werden Hülsenfrüchte gelagert?

Hülsenfrüchte sind gute und preiswerte Lebensmittel, von denen sich ein Vorrat in der Speisekammer lohnt. Die Haltbarkeit beträgt in der Regel ein bis mehrere Jahre. Mit den schnellkochenden Linsen-Sorten hat man eine Hauptzutat parat, insbesondere dann, wenn wenig Zeit zum Kochen bleibt. Hülsenfrüchte am besten aus der Verpackung nehmen (Lebensmittelmotten können die Tüte durchstechen) und dunkel und kühl in luftdichten und gut verschließbaren Behältnisse aus Glas, Metall, Keramik, Porzellan oder dickem Kunststoff aufbewahren. Für Schnellgerichte eignet sich ein Vorrat an Falafelmischungen, küchenfertigen Hülsenfrüchten in der Dose oder im Glas sowie Sojaflocken und/oder Sojaschnetzel.

Zubereitungstipps

Hülsenfrüchte können nicht roh verzehrt werden, da sie in ungekochtem Zustand unbekömmlich

und sogar gesundheitsschädlich sind. Eine andere Möglichkeit neben dem Kochen, Hülsenfrüchte genießbar zu machen, ist das Keimen. Hülsenfrüchtekeimlinge (z. B. Sprossen aus Sojabohnen, Mungbohnen, Kichererbsen oder Linsen) bietet der gut sortierte Bioladen im Kühlregal an. Während des Keimens nimmt der Gehalt an manchen Inhaltsstoffen, wie z. B. Vitamin C und B_1 deutlich zu, die Eiweißbausteine (Aminosäuren) werden bekömmlicher, blähend wirkende Kohlenhydrate werden abgebaut und der Gehalt an gesundheitsschädlichen Inhaltsstoffen sinkt. Dennoch ist zu empfehlen, Hülsenfrüchtekeimlinge nach dem Waschen zu erhitzen, Blanchieren ist in diesem Falle ausreichend.

Vorbereitung & Einweichen. Hülsenfrüchte waschen und in der 3–4-fachen Menge Wasser quellen lassen, auch über Nacht möglich. Kalk verhindert das Weichwerden der Hülsenfrüchte. Das Einweichwasser sollte daher weich sein. Kommt nur hartes Wasser aus der Leitung, das Einweichwasser vorher abkochen und abkühlen lassen, dadurch wird ein Teil des Kalks ausgefällt. Sie können das Einweichwasser 1–2-mal auswechseln, falls Sie Verdauungsprobleme nach dem Verzehr von Hülsenfrüchten haben.

Kochen. Das Einweichwasser wegschütten und die Hülsenfrüchte mit frischem (ungesalzenem) Was-

ser kochen. Die Hülsenfrüchte sollten beim Kochen gut mit Wasser bedeckt sein. Verwenden Sie während des Kochens verdauungsfördernde und entblähend wirkende Gewürze. Es bieten sich zum Beispiel an: Koriandersamen, Fenchelsamen, Kümmel, Kardamom, Anis oder Lorbeer. Auch ein Stück Kombu-Alge (Briefmarkengröße) erhöht die Bekömmlichkeit. Hülsenfrüchte zum Kochen bringen und einmal aufkochen lassen. Anschließend die Hitze so weit reduzieren, dass die Hülsenfrüchte leicht köcheln. Entstehenden Schaum abschöpfen (vor allem bei Linsen).

Nach dem Kochen. Salz, Gemüsebrühe (enthält auch Salz), Essig, Zitronensaft oder Wein erst am Ende dazugeben, sonst werden Hülsenfrüchte nicht gar. Mit Gewürzen wie Kümmel, Kreuzkümmel, Koriandersamen, Anis, Fenchelsamen, Kardamom, Bohnenkraut, Liebstöckel, Majoran, Thymian, Rosmarin, Cayennepfeffer, Paprikapulver, Curry oder etwas Ingwer lassen sich vielfältige Geschmackskombinationen erzielen. Die Gewürze erhöhen zudem die Bekömmlichkeit. Die gleiche Wirkung erzielen Sie, wenn Sie am Ende der Kochzeit die Hülsenfrüchte ½ Stunde (kleine Hülsen-

WISSEN

Linse – die Einsteiger-Hülsenfrucht

Möchte man anfangen, mehr Hülsenfrüchte zu essen, bieten sich generell Linsen an, da sie im Vergleich zu Erbsen und Bohnen am leichtesten bekömmlich sind. Dass Hülsenfrüchte manchmal blähen können, ist mit Sicherheit bekannt. Die Zubereitung kann wesentlich dazu beitragen, einen rundum wohligen Genuss auf den Tisch zu bringen. Zum anderen braucht der Körper auch ein bisschen Zeit, sich an die Verdauung der komplexen Kohlenhydrate Stachyose und

Verbascose, die unter anderem für die Blähungen verantwortlich gemacht werden, zu gewöhnen. Das heißt, je öfter man Hülsenfrüchte isst, desto leichter kann man sie verdauen. Am besten gewöhnt man die Darmflora langsam an den Konsum von Hülsenfrüchten. Linsen oder Sprossen aus Hülsenfrüchten sind ein guter Start dafür. Wenn Sie zu Blähungen neigen, sollten Sie das Einweichwasser der Hülsenfrüchte nicht mitverwenden, sondern weggießen.

früchte) oder eine Stunde (große Hülsenfrüchte) im Topf nachquellen lassen oder einen Schuss Säure, z.B. Essig, Zitronensaft oder Wein, zugeben.

Beim Essen. Und zu guter Letzt: Gut kauen, denn durch den Speichel werden die Kohlenhydrate, die im Bauch „rumpeln" können, bereits „vorverdaut".

Welche Hülsenfrucht-Sorten gibt es?
Hier unsere Lieblingssorten von A–Z:

Azukibohnen
Zubereitung: Waschen, 8–12 Stunden einweichen, Kochdauer 40–50 Minuten, Nachquellen 60 Minuten
Geeignet für: Bohnensalat, Bratlinge, Eintöpfe, Suppeneinlage, Aufläufe, Salate, japanische Süßspeisen

Beluga-Linsen, Berglinsen, Linsen du Puy
Zubereitung: Waschen, Einweichen verkürzt die Kochzeit, kann aber entfallen, Kochdauer 20–30 Minuten, Nachquellen 30 Minuten
Geeignet für: Reisgerichte, Beilagen, Salate, Currys, Suppen, Linsen und Spätzle

Bergerbsen
Zubereitung: Waschen, 12 Stunden einweichen, Kochdauer 20–30 Minuten, Nachquellen 30 Minuten

Geeignet für: Eintöpfe, Beilage, Reisgerichte, Salate, Pürees, Suppen

Borlottibohnen
Zubereitung: Waschen, 10–12 Stunden einweichen, Kochdauer 60–90 Minuten, Nachquellen 60 Minuten
Geeignet für: Salate, Füllungen, Pfannengerichte, Eintöpfe, Suppeneinlage, Aufstriche

Gelbe Linsen, rote Linsen
Zubereitung: Waschen, Einweichen entfällt, Kochdauer 10–15 Minuten (kurze Garzeit: kernig, längere Garzeit: breiig), Nachquellen nach Belieben
Geeignet für: Eintöpfe, Beilagen, Salate, Pürees, Suppen, Saucen, Dals

Gourmet-Linsen, grüne Linsen, braune Linsen, Château-Linsen
Zubereitung: Waschen, Einweichen verkürzt die Kochzeit, kann aber entfallen, Kochdauer 30 Minuten, Nachquellen 30 Minuten
Geeignet für: Eintöpfe, Suppen, Salate, Linsen und Spätzle, Bratlinge, Aufläufe, Brotaufstriche

Grüne Erbsen
Zubereitung ganze Erbsen: Waschen, 12 Stunden einweichen, Kochdauer 60–90 Minuten, Nachquellen 60 Minuten

Zubereitung halbe Erbsen: Waschen, Kochdauer 50–60 Minuten, Nachquellen 30 Minuten
Geeignet für: Suppen, Eintöpfe, Pürees, Risottos, Brotaufstriche, Salate, Füllungen

Keimlinge aus Hülsenfrüchten
Zubereitung: Waschen, Blanchieren
Geeignet für: Asiatische Wok-Gerichte, Pfannengerichte, als Garnitur, Salatzutat

Kichererbsen
Zubereitung: Waschen, 10–12 Stunden einweichen, Kochdauer 90 Minuten, Nachquellen 60 Minuten
Geeignet für: Suppeneinlage, Bratlinge, Brotaufstriche, Falafel-Bällchen, Dips, Aufstriche, Hummus, Salate, Eintöpfe, Füllungen

Mungbohnen
Zubereitung: Waschen, 2–3 Stunden einweichen, Kochdauer 25–45 Minuten, Nachquellen 30 Minuten
Geeignet für: Eintöpfe, Suppen, Dals, Reis- und Getreidegerichte

Rote Kidneybohnen
Zubereitung: Waschen, 10–12 Stunden einweichen, Kochdauer 60–90 Minuten, Nachquellen 60 Minuten

Geeignet für: Chili con und sin carne, Salate, Füllungen, Pfannengerichte, Eintöpfe, Aufstriche

Schwarze Bohnen
Zubereitung: Waschen, 10–12 Stunden einweichen, Kochdauer 60–90 Minuten, Nachquellen 60 Minuten
Geeignet für: Eintöpfe, Beilagen, Brotaufstriche, Dips, Pfannengerichte

Sojabohnen
Zubereitung: Waschen, 10–12 Stunden einweichen, Kochdauer 60–90 Minuten, Nachquellen 60 Minuten
Geeignet für: Currys, Suppen, Eintöpfe, Salate, Gemüsegerichte, Aufläufe

Kleine weiße Bohnen
Zubereitung: Waschen, 8–12 Stunden einweichen, Kochdauer 45–60 Minuten, Nachquellen 30–60 Minuten
Geeignet für: Suppen, Minestrone, Eintöpfe, Salate, Brotaufstriche, Pürees, Aufläufe, Füllungen

Weiße Riesenbohnen, bunte Riesenbohnen
Zubereitung: Waschen, 10–12 Stunden einweichen, Kochdauer 60–90 Minuten, Nachquellen 60 Minuten
Geeignet für: Suppen, Pürees, Pfannengerichte, Salate, italienische Antipasti, Beilage, Eintöpfe

Kaviar vom Feld – Beluga-Linsen

Sie sind klein, schwarz und glänzend: Beluga-Linsen. Neben der schönen Optik gelten sie als besonders edel im Geschmack – eine Delikatesse. Auf dem nördlich von Trostberg im bayerischen Chiemgau gelegenen Bio-Hof von Julia Reimann und Stefan Schmutz wachsen sie gemeinsam mit einer Vielzahl teils in Vergessenheit geratener Getreide- und Ölsorten.

▲ Auf dem Hof von Julia Reimann und Stefan Schmutz im bayerischen Chiemgau wird eine lange Familientradition des Ackerbaus fortgeführt. Die beiden studierten Landwirte sind überzeugt, dass Ökolandbau die nachhaltigste Form der Landwirtschaft ist.

Von ihrem über 300 Jahre alten Hof blicken Julia Reimann und Stefan Schmutz über die Felder bis hin zu den Alpen. Was sie auf ihren Feldern sehen, ist eine Vielfalt von über 20 verschiedenen Pflanzenarten. Seit vielen Generationen werden hier von der Familie Ackerpflanzen gesät, gepflegt und geerntet.

Die junge Familie bewirtschaftet ihren Hof seit 2005 nach den Richtlinien des Bio-Anbauverbands Naturland. Der ökologische Landbau interessierte die beiden bereits während ihres Landwirtschaftsstudiums. Für sie gilt Ökolandbau als die „nachhaltigere, interessantere und vielfältigere Landwirtschaft", so Stefan Schmutz. Und Julia Reimann fügt hinzu: „Unser Anspruch ist die Herstellung einfacher, natürlicher Lebensmittel aus den besten Zutaten. Bio ist dabei selbstverständlich". Da lag der Schritt nahe, den Hof nach Bio-Richtlinien zu bewirtschaften. Der Name Chiemgaukorn entstand auf einer Autofahrt durch den Chiemgau und drückt damit genau das aus, worum es bei Stefan Schmutz und Julia Reimann geht: um das volle Korn aus dem Chiemgau. Stefan Schmutz, der für die

Landwirtschaft verantwortlich ist, probiert gerne neue Methoden in der Praxis aus. Wichtig ist ihm dabei, eine möglichst bodenschonende und pfluglose Arbeitsweise umzusetzen. „Wir begreifen den Boden als Organismus und unser wichtigstes Kapital. So versuchen wir, so oft wie möglich auf den Pflug zu verzichten, um den Boden möglichst lange bedeckt zu halten. Humus kann sich so besser aufbauen", sagt Stefan Schmutz. „Ein Beitrag zum Klimaschutz, denn durch den Humusaufbau wird klimaschädliches CO_2 im Boden gebunden", ergänzt Julia Reimann.

So kostbar wie Kaviar

Der Anbau von Beluga-Linsen ist eines der Projekte, die die beiden experimentierfreudigen Agraringenieure voller Motivation verfolgen. Der optischen Ähnlichkeit mit dem gleichnamigen Kaviar verdanken die kleinen schwarzen Linsen ihren Namen. Beluga-Linsen werden hauptsächlich in Nordamerika und China angebaut. Hingegen sind die Anbauflächen in Deutschland klein. „Die Ernteerträge sind bei unserem Klima insgesamt

◀ Ein blühendes Buchweizen-Feld ist einfach eine Augenweide. Ob als ganzes Korn, Mehl oder Grieß – Buchweizen gilt als Powerfood für die schnelle und gesunde Küche. Er erinnert an Getreide, ist aber ein Knöterichgewächs.

gering, und gleichzeitig ist der technische Aufwand hoch", erzählt Stefan Schmutz. Das Erntegut wird mit Mähdreschern eingeholt und besteht aus einer Mischung von Getreidekörnern und Linsen, da der Anbau zumeist als Mischkultur zusammen mit Getreide als nötige Rankhilfe für die Linsen erfolgt. In einem technisch aufwendigen Verfahren müssen die Körner von den Linsen getrennt werden. „Aufwendig, aber die Linsen sind einfach eine leckere regionale Bereicherung auf dem Feld und auf dem Teller", ist Julia Reimann überzeugt. Da die Linsen beim Kochen fest bleiben und nicht wie zum Beispiel rote Linsen zerfallen, eignen sie sich „besonders für Salate, als Beilage oder als kulinarischer Kontrast zu hellem Fisch oder Nudelgerichten", empfiehlt die ideenreiche Köchin Julia Reimann. Ihre Lieblingszubereitung: ein scharfes Linsen-Curry, kontrastreich in der Farbe und delikat im Geschmack.

Wikingeröl und bayerischer Reis

Ideenreich und vielfältig sind die insgesamt über 80 Produkte, die unter dem Namen Chiemgaukorn in vielen Natur-kostläden, Bio-Supermärkten oder über den Hofladen angeboten werden. „Sogar bis nach Hamburg sind sie zu haben", erzählt stolz Julia Reimann, die auf dem Hof als Fachfrau für die Vermarktung der Produkte zuständig ist. Neben den Linsen sind das Körner, Mehl und Grieß aus den Urgetreidearten Einkorn, Emmer und Ur-Dinkel, Braunhirse, Buchweizen, Leinsaat, Hanf und Leindotter, aus dessen Samen sie wertvolles Speiseöl herstellen.

Leindotter ist eine alte Feldfrucht, die bereits bei Kelten und Wikingern auf dem Speiseplan stand. Das Leindotter-Öl wie auch die weiteren Öle aus Hanf und Leinsaat werden in der hofeigenen Ölmühle gepresst und frisch abgefüllt. Beim Getreide ist der „Bayerische Reis" eine Besonderheit. Dabei handelt es sich um Perl-Getreide aus Dinkel, Emmer oder Einkorn, das durch Anschleifen der Oberfläche eine einfache und schnelle Zubereitung ermöglicht, wie bei Reis. „Bratlinge lassen sich daraus prima formen. Und auch unsere beiden Kinder essen sie gerne", so Julia Reimann.

UNSER REZEPT TOP TEN

Berglinsen-Curry mit Salzzitrone

Überraschend zitronig

Für 4 Personen als Beilage
gut vorzubereiten
🕐 35 Minuten

300 g (2 Tassen) Berglinsen, Beluga-Linsen oder Linsen du Puy
675 ml (4 ½ Tassen) Wasser
1 briefmarkengroßes Stück Kombu-Alge
1 Zwiebel
2 EL Bratöl oder Olivenöl
4 EL Tomatenmark
1 TL Curry (z. B. von Herbaria)
1 Schnitz einer Salzzitrone (siehe S. 184) oder ein paar Tropfen Olivenöl mit Zitrone (z. B. von LaSelva)
ein paar Tropfen Olivenöl zum Beträufeln

- Linsen waschen, mit dem Wasser zum Kochen bringen und 20 Minuten bei geschlossenem Deckel auf mittlerer Hitze kochen. Herdplatte ausschalten und einige Minuten nachquellen lassen. Nach Belieben dem Kochwasser ein Stück Kombu zufügen und nach dem Kochen wieder entfernen.
- Die Zwiebel abziehen und würfeln.
- Das Fett erhitzen und die Zwiebelwürfel glasig braten. Tomatenmark und Curry zufügen und eine Minute mitbraten. Linsen und die verbliebene Kochflüssigkeit zufügen, 5 Minuten köcheln lassen.
- Die Salzzitrone in schmale Scheiben schneiden und am Ende mit etwas Salzsirup von der Salzzitrone unter das Gericht mischen. Zusätzliches Salzen kann dann entfallen. Das Gericht anschließend mit Curry abschmecken und mit Olivenöl beträufeln.

Das passt dazu: Joghurt-Dip (gewürzt mit Salz und Pfeffer)

Tipp: Sind gerade keine Salzzitronen zur Hand, kann stattdessen Olivenöl mit Zitrone verwendet werden. Das Öl hat eine intensiv zitronige Note, daher sparsam verwenden und die Linsen dann mit Salz abschmecken.

Gelbe Linsensuppe mit Hackfleischbällchen und Joghurt

Suppe mit Pfiff

Für 4 Personen als Hauptspeise
schön für Gäste
🕐 45 Minuten

1 große Zwiebel · 2 Knoblauchzehen · 250 g Hackfleisch (Rind oder Lamm) · Salz · Pfeffer · 1 Prise Zimt · 3 EL Olivenöl · 2 EL Tomatenmark · 300 g gelbe Linsen · 1 TL Kurkumapulver · 1 l Wasser oder Gemüsebrühe · ½ Bund Petersilie · ¼ Bund Dill · 1 kleiner Zweig frische Minze · 350 g Joghurt, natur · 4 EL Zitronensaft

- Zwiebel und Knoblauch abziehen und jeweils klein würfeln. Die Hälfte der Zwiebeln mit dem Hackfleisch, Salz, Pfeffer und Zimt mischen und zu kleinen Bällchen formen. Beiseitelegen.
- Olivenöl erhitzen und die restlichen Zwiebeln glasig braten. Tomatenmark zufügen, kurz mitbraten. Linsen, Kurkuma, Pfeffer und Wasser zugeben. Sobald die Suppe kocht, Hackfleischbällchen einlegen und 20–25 Minuten köcheln lassen.
- Kräuter waschen, trocken schütteln und fein hacken. Mit Joghurt, Zitronensaft, Salz und Pfeffer verrühren.
- Am Ende der Kochzeit den Topf vom Herd nehmen. Joghurtmischung mit etwas Suppe glatt rühren und zur Suppe geben. Mit Zitronensaft, Salz und Pfeffer abschmecken und servieren.

Tipp: Die Suppe schmeckt am nächsten Tag noch besser. Wer mag, kann etwas Zitronengras mitkochen oder statt Minze frischen Koriander verwenden.

Linsensalat mit Currytomaten

Fruchtige Harmonie

Für 4 Personen als Hauptspeise
schön für Gäste
🕐 30 Minuten + 1 Stunde ziehen lassen

300 g (2 Tassen) Beluga-Linsen · 600 ml (4 Tassen) Wasser · 3 mittelgroße Ochsenherztomaten · 1 Bund Frühlingszwiebeln · 2 EL Olivenöl oder Sesamöl, nativ · 1 TL Curry (z. B. Curry Masala von Cosmoveda) · 4 EL Sojasauce · 4 EL Sesamöl, nativ · 2 EL Essig · 2 Msp. Asafoetida (z. B. von Cosmoveda) · Salz · einige Zweige Petersilie

- Linsen waschen, mit dem Wasser zum Kochen bringen und 20 Minuten bei geschlossenem Deckel auf mittlerer Hitze kochen. Dann den Deckel öffnen und das restliche Wasser verdampfen lassen. Herdplatte ausschalten und einige Minuten nachquellen lassen.
- Gemüse waschen. Tomaten in kleine Würfel schneiden, Frühlingszwiebel in schräge Ringe.
- Öl erhitzen und Currypulver darin anschwitzen. Aufpassen, dass das Gewürz nicht verbrennt, es sollte aromatisch riechen. Tomaten und Frühlingszwiebeln zufügen, eine Minute mitbraten, dann beiseitestellen.
- Linsen in eine Schüssel geben. Gemüse zufügen und mit Sojasauce, Sesamöl, Essig, Asafoetida und Salz vermischen.
- Eine Stunde durchziehen lassen, anschließend abschmecken. Die Petersilie waschen, trocken schütteln, fein hacken und auf dem Salat verteilen. Zimmerwarm servieren.

Tipp: Warm kann dieses Gericht zu Reis oder Couscous gereicht werden.

Linsensalat
mit Currytomaten

Orient-Linsencurry mit Blumenkohl

Wärmt von innen

Für 4 Personen als Beilage
gelingt leicht
🕐 30 Minuten

250 g (2 Tassen) gelbe Linsen · 675 ml (4 ½ Tassen) Wasser · 1 kleiner Blumenkohl (etwa 750 g) · ¾ TL Koriandersamen · ¾ TL Fenchelsamen · ¾ TL gelbe Senfsamen · 1–2 Nelken · 1 Msp. Chilipulver · 1 Zwiebel · 3 TL Ghee oder Butter · 100 g Sahne · Salz · 3 EL Weißweinessig · Pfeffer · frischer Schnittlauch und Petersilie nach Belieben

– Linsen waschen, mit dem Wasser zum Kochen bringen und etwa 5 Minuten bei geschlossenem Deckel auf mittlerer Hitze kochen.
– Den Blumenkohl waschen und in Röschen teilen. Blumenkohl auf die Linsen legen und weitere 10 Minuten bei geschlossenem Deckel kochen. Herdplatte ausschalten und einige Minuten nachquellen lassen.
– Koriander-, Fenchel- und Senfsamen sowie Nelken in einem Mörser zerstoßen, Chilipulver zufügen. Die Zwiebel abziehen und würfeln.
– Das Fett in einer großen Pfanne erhitzen und die Zwiebelwürfel glasig braten. Gewürze zufügen und 1–2 Minuten mitbraten. Dann die gekochten Linsen mit dem Blumenkohl dazugeben, die Sahne angießen, mit Salz würzen und erhitzen.
– Mit Weißweinessig, Salz und Pfeffer abschmecken. Sobald der Essig zugefügt wurde, das Gericht nicht mehr kochen, sonst kann die Sahne gerinnen.
– Kräuter waschen und trocken schütteln. Schnittlauch in Röllchen schneiden, Petersilie fein hacken und über das Linsencurry streuen.

Linsen und Spätzle

Ein Klassiker der schwäbischen Küche

Für 4 Personen als Hauptspeise
braucht etwas mehr Zeit
🕐 60 Minuten

Für den Spätzleteig: 350 g Mehl · 5–6 Eier · 1 TL Salz · **Für die Linsen:** ½ Zwiebel · 1 Karotte · 100 g Knollensellerie · 2½ EL Ghee · 1–2 Lorbeerblätter · 250 g Linsen, z. B. braune Linsen, Beluga-Linsen, Berglinsen, Linsen du Puy · 1 gehäufter EL Mehl · 2 EL Essig · Salz · Pfeffer · etwas Petersilie

– Mehl, Eier und Salz in einer Schüssel verrühren. Mit dem Kochlöffel den Teig so lange schlagen, bis er Blasen wirft. Falls der Teig zu fest ist, etwas Wasser hinzufügen. Den Teig etwa 15 Minuten quellen lassen.
– Zwiebel abziehen und fein würfeln. Karotte und Sellerie waschen, schälen und klein würfeln.
– ½ Esslöffel Ghee erhitzen. Das Gemüse zusammen mit dem Lorbeerblatt etwa 3–4 Minuten andünsten. Linsen waschen, zufügen und kurz mitbraten. So viel Wasser zugießen, dass die Linsen gut doppelt mit Wasser bedeckt sind. Auf kleiner Flamme etwa 30 Minuten langsam gar kochen. Das Lorbeerblatt entfernen.
– Wasser in einem großen Topf zum Kochen bringen, dann salzen. Mit dem Spätzlehobel oder -presse den Spätzleteig portionsweise in das kochende Wasser geben. Einmal aufkochen lassen, dann Spätzle mit dem Schaumlöffel abseihen, kurz mit kaltem Wasser abschrecken und gut abtropfen lassen. Spätzle im Backofen bei 60–80 °C warm halten.
– In einem extra Topf das restliche Ghee erhitzen und das Mehl darin anschwitzen. Mit dem Kochwasser der Linsen ablöschen. Linsen zufügen, kurz aufkochen lassen und mit gehackter Petersilie servieren.

Zünftiger Erbseneintopf

Mit oder ohne Speck – herrlich wärmend

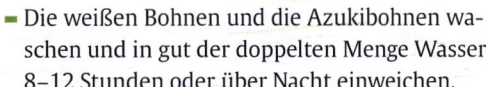

Soupe au Pistou

Provenzalische
Spezialität

Für 4 Personen als Hauptspeise
braucht etwas mehr Zeit
🕐 35 Minuten + 60 Minuten Kochzeit

Für 4–5 Personen als Hauptspeise
gut vorzubereiten
🕐 60 Minuten + 8–12 Stunden (oder über
Nacht) Bohnen einweichen

3 Karotten · 2 Petersilienwurzeln · ¼ Sellerie · 1–2 Zwiebeln · 4 Kartoffeln, festkochend · 50 g Speck · 500 g getrocknete halbe Erbsen · 2 Lorbeerblätter · 1 briefmarkengroßes Stück Kombu-Alge · 1½ l Wasser · Salz · Pfeffer · ½ TL Liebstöckel · 2–3 EL Weißwein- oder Weinessig (z. B. Condimento Rosso von Byodo) · 2 EL mildes Leinöl · 3 Paar Saiten- oder Wiener Würstchen · ½ Bund Petersilie

100 g kleine weiße Bohnen · 100 g Azukibohnen · 1,5 l Wasser oder Gemüsebrühe · 2 Lorbeerblätter · 4 Tomaten · 1 Zucchini · 2 Karotten · 200 g grüne Bohnen · 1 Zwiebel · 2 Knoblauchzehen · ½ Bund Petersilie · Salz · Pfeffer · **Für die Würzmischung:** · 1 Bund Basilikum · 2–4 Knoblauchzehen · 6 EL Olivenöl

- Das Gemüse waschen, schälen und vorbereiten: Karotten und Petersilienwurzeln der Länge nach vierteln und in Würfel schneiden, Sellerie würfeln. Zwiebel abziehen und ebenfalls würfeln. Kartoffeln schälen, waschen und in mundgerechte Stücke zerteilen. Speck würfeln. Erbsen waschen.
- Einen Topf bei mittlerer Temperatur erhitzen, darin den Speck auslassen. Anschließend die Zwiebeln zufügen und leicht glasig anbraten. Erbsen, Gemüse, Lorbeerblätter, Kombu und Wasser zugeben und 60 Minuten köcheln lassen. Bei Bedarf Wasser nachgießen.
- Am Ende mit Salz, Pfeffer, Liebstöckel, Essig und Leinöl würzen. Lorbeerblätter und Kombu entfernen. Die Würstchen in Scheiben schneiden und in dem Eintopf erwärmen.
- Petersilie waschen, trocken schütteln und klein schneiden. Damit das Erbsengericht garnieren.

Variante: Wer den Eintopf ohne Fleisch essen möchte, verwendet geräucherten Tofu oder Tofu-Würstchen. Tofu kross anbraten und am Ende zum Eintopf geben. Zwiebeln mit etwas zusätzlichem Öl anbraten.

- Die weißen Bohnen und die Azukibohnen waschen und in gut der doppelten Menge Wasser 8–12 Stunden oder über Nacht einweichen.
- Das Einweichwasser abgießen und die Bohnen in einem Sieb waschen. Mit 1,5 Liter Wasser oder Brühe und den Lorbeerblättern zum Kochen bringen und 25 Minuten köcheln lassen.
- Für die Soupe au Pistou wird alles Gemüse in gleich kleine Würfel geschnitten. Die Tomaten vorher mit kochendem Wasser überbrühen und abziehen. Zwiebel und Knoblauch abziehen und jeweils klein würfeln. Petersilie waschen, trocken schütteln und fein hacken.
- Karotten und Zwiebeln 5 Minuten mitkochen. Anschließend mit Tomaten, Zucchini, grünen Bohnen, Knoblauch und Petersilie weitere 10 Minuten kochen lassen. Mit Salz und Pfeffer würzen.
- Für die Würzmischung „Pistou" Basilikum waschen, trocken schütteln und grob hacken. Knoblauch abziehen und grob würfeln. Basilikum, Knoblauch und Olivenöl fein pürieren.
- Die Suppe und getrennt dazu das Pistou reichen. Jeder kann sich seine Suppe dann selbst würzen.

Borlottibohnen-Suppe mit Putenstreifen und Reis

Eintopf mit Überraschung

Für 4 Personen als Hauptspeise
gut vorzubereiten
🕑 40 Minuten + Einweichen und Kochen der Bohnen

3–4 Tomaten · 1 frische Chilischote oder 2–3 Msp. Chilipulver · 3 EL Olivenöl · 100 g Rundkornreis, z. B. Arborio-Reis · 1½ EL Tomatenmark · 1 l Gemüsebrühe · 1 Dose Borlottibohnen (Abtropfgewicht etwa 240 g) oder 2 Tassen gekochte Borlottibohnen (siehe S. 20) · 400 g Putenfleisch · 6 EL Zitronensaft · Salz · Pfeffer · 1 gehäufter EL frische Minze · 40 g Butter

- Tomaten mit kochendem Wasser überbrühen, abziehen und würfeln. Chili waschen, Kerne entfernen und in schmale Streifen schneiden.
- Olivenöl in einem Topf erhitzen. Reis und Tomatenmark anbraten. Tomatenwürfel zugeben, kurz mitdünsten, bis die Flüssigkeit verdampft ist. Gemüsebrühe, Bohnen und Chili zufügen und 20 Minuten köcheln lassen.
- Währenddessen das Putenfleisch abwaschen, mit Küchenpapier trocken tupfen und in dünne Streifen schneiden. Putenfleischstreifen 5 Minuten in der Suppe mitkochen. Mit Zitronensaft, Salz und Pfeffer abschmecken.
- Minzblättchen waschen, trocken schütteln und in feine Streifen schneiden. Butter erhitzen. Sobald sie schäumt, die Minze zufügen und vom Herd nehmen. Getrennt zur fertigen Suppe reichen.

Brotsalat mit Riesenbohnen

Ideal für Sommertage

Für 4 Personen als Vorspeise
gut vorzubereiten
🕑 25 Minuten

1 Dose/Glas Riesenbohnen (Abtropfgewicht etwa 240 g) · 250 g kleine Tomaten · 100 g Fetakäse · ein paar Salatblätter, z. B. Eisbergsalat · 1 Knoblauchzehe · etwa 10 Blätter Basilikum · ½ Baguette oder Weißbrot · Olivenöl zum Braten · 2 EL Aceto balsamico · Salz · 6 EL Olivenöl · Pfeffer

- Bohnen abtropfen lassen. Die Tomaten waschen und achteln, den Fetakäse in Würfel schneiden. Die Salatblätter waschen und in mundgerechte Stücke zupfen. Knoblauch abziehen und klein würfeln, Basilikum grob zerteilen. Diese Zutaten gut in einer Salatschüssel miteinander vermischen.
- Das Baguette in Würfel schneiden, in wenig heißem Olivenöl knusprig anbraten und zu den anderen Zutaten geben.
- Essig und Salz verrühren, bis sich das Salz gelöst hat. Mit dem Olivenöl verquirlen, bis eine cremige Konsistenz entsteht. Das geht prima mit einem kleinen elektrischen Milchaufschäumer oder mit einem Schneebesen. Mit Pfeffer würzen und die Vinaigrette unter den Salat mischen. Abschmecken und servieren.

Brotsalat mit
Riesenbohnen

Aromatisches Mungbohnen-Dal

Zu jeder Jahreszeit ein Genuss

Für 4 Personen als Beilage
gelingt leicht
🕐 45 Minuten + 3 Stunden Einweichen
der Bohnen

150 g (1 Tasse) Mungbohnen · 1 briefmarkengroßes Stück Kombu-Alge · 1 mittelgroße Zwiebel ·
1 Knoblauchzehe · 1 Stück Ingwer, etwa 1 cm ·
1–2 Stück Langer Pfeffer · 1 TL gelbe Senfsamen ·
1 TL Kreuzkümmel · 4 EL Ghee oder Butter · 300 g
stückige Tomaten (z. B. von La Bio Idea) · Salz ·
Pfeffer · 1 Bund Petersilie · Crema di Balsamico

- Mungbohnen waschen und in gut der doppel-
ten Menge Wasser etwa 3 Stunden einweichen.
- Einweichwasser abgießen. Mit frischem Wasser
aufgießen, sodass die Bohnen gut bedeckt sind.
Mit Kombu zum Kochen bringen und etwa 20
Minuten bei geschlossenem Deckel auf mittle-
rer Hitze kochen. Kombu entfernen.
- Zwiebeln und Knoblauch abziehen und wür-
feln. Ingwer waschen, schälen und in kleine
Würfel schneiden.
- Langen Pfeffer, Senfsamen und Kreuzkümmel
in einem Mörser zerkleinern.
- Das Fett erhitzen und die Gewürze eine Minute
anbraten. Zwiebeln zufügen und glasig braten.
Knoblauch, Ingwer und Tomaten zu den Zwie-
beln geben, mit Salz und Pfeffer würzen und
10 Minuten köcheln lassen.
- Petersilie waschen, trocken schütteln und fein
hacken.
- Mungbohnen zufügen und weitere 5 Minuten
kochen. Petersilie unterrühren und mit Salz,
Pfeffer und Crema di Balsamico abschmecken.

Das passt dazu: Basmatireis, gekochte Kartoffeln, Chapati-Brot (siehe S. 58)

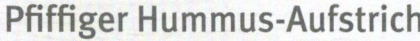

Mediterranes Bohnenmus aus dem Backofen

Einfach und sehr lecker

Für 4 Personen als Aufstrich
preisgünstig
🕐 15 Minuten + 45 Minuten Backzeit

1 Dose/Glas Borlottibohnen (Abtropfgewicht etwa 240 g) · ½ Zwiebel · 1 Knoblauchzehe · ½ TL getrockneter Thymian · ½ TL getrockneter Rosmarin · ½ TL getrockneter Salbei · 4 EL Olivenöl · 100 ml Wasser · Salz · Pfeffer · ¼ Bund Petersilie · 6 schwarze Oliven · 1 Spritzer Zitronensaft

- Bohnen abtropfen lassen und in eine ofenfeste Form füllen. Zwiebel und Knoblauch abziehen und jeweils klein würfeln. Mit den Kräutern, Olivenöl, Wasser, Salz, Pfeffer und mit den Bohnen vermischen.
- Den Backofen auf 200 °C (Umluft: 180 °C) vorheizen. Bohnen auf der mittleren Schiene etwa 45 Minuten backen. Gelegentlich die Bohnen wenden.
- Die Petersilie waschen, trocken schütteln und fein hacken. Oliven in Scheiben schneiden. Die Bohnen mit einer Gabel grob zerdrücken, mit Petersilie, Oliven und Zitronensaft vermischen und nochmals abschmecken.

Das passt dazu: Baguette oder ein kräftiges Landbrot und ein fruchtiger Tomatensalat

Pfiffiger Hummus-Aufstrich

Arabische Kichererbsenpaste – ein Klassiker

Für 4 Personen
(ergibt etwa 320 g bzw. 2 Gläser à 170 ml)
geht schnell
🕐 15 Minuten

1 Glas Kichererbsen (etwa 220 g Abtropfgewicht) · 4 EL Olivenöl + zum Beträufeln · 3 EL Zitronensaft · 1–2 EL Tahin · 1 Knoblauchzehe · 1 Stück Ingwer, etwa 1 cm · 1 TL getrocknete Minze · 1 Msp. Chilipulver · 2 Msp. Kreuzkümmel · Paprikapulver, edelsüß, zum Bestreuen

- Die Kichererbsen abtropfen lassen und mit etwas Wasser pürieren. Mit Olivenöl, Zitronensaft und Tahin cremig rühren.
- Knoblauch abziehen, fein würfeln oder durch eine Knoblauchpresse quetschen. Ingwer schälen und in kleine Würfel schneiden. Knoblauch, Ingwer, Minze, Chilipulver und Kreuzkümmel mit der Kichererbsenpaste vermengen.
- Hummus in eine flache Schale füllen. Mit einem Esslöffel die Oberfläche schwungvoll furchen und mit Olivenöl beträufeln. Mit Paprikapulver bestreuen.

Variante: Joghurt ist ebenfalls eine beliebte Zutat für Hummus. Er kann dazu dienen, die gewünschte Konsistenz zu erzielen oder einen Teil des Olivenöls zu ersetzen. Hummus kann man zusätzlich mit gehackter Petersilie oder frischem Koriander und gerösteten Pinienkernen bestreuen.

Farinata di ceci

Pikanter Kuchen aus Kichererbsenmehl

Für 4 Personen als Beilage
preisgünstig
🕐 10 Minuten + 30 Minuten Ruhezeit +
45 Minuten Backzeit

200 g Kichererbsenmehl (Besan) oder Pfannku-chen-Mix nach Ayurveda von Govinda · 800 ml Ge-müsebrühe · 2–3 Knoblauchzehen · 1 TL Rosma-rin · 100 ml Olivenöl + für die Form · Salz · Pfeffer

- Kichererbsenmehl mit der Gemüsebrühe gut verrühren und 30 Minuten ruhen lassen.
- Knoblauch abziehen und fein würfeln. Rosma-rin und Olivenöl in den Kichererbsenmehlteig geben, mit Salz und Pfeffer gut abschmecken. Ein Backblech mit Öl einpinseln und die Masse einfüllen.
- Im Backofen bei 230 °C (Umluft: 200 °C) auf der mittleren Schiene 40–45 Minuten backen, bis sich eine goldbraune Kruste gebildet hat.
- Wird eine größere Menge benötigt, den zusätz-lichen Teig auf einem zweiten Blech backen.
- Nach Belieben vor dem Servieren mit Pfeffer bestreuen.

Das passt dazu: Rotwein und Käse

Variante: Nach der Hälfte der Backzeit ein paar Sardellen auf der Farinata verteilen und wei-terbacken. Nimmt man den Pfannkuchen-Mix von Govinda, kann man anstelle des Olivenöls natives Sesamöl verwenden, dann den Rosma-rin weglassen.

Gebratene Sojaflocken-Burger

Burger einmal anders

Für 4 Personen als Beilage (etwa 8 Burger)
gelingt leicht
🕐 25 Minuten + 30 Minuten Quellen der
Sojaflocken

100 g Sojaflocken · 125 ml Gemüsebrühe · ½ Bund Schnittlauch · ½ Bund Petersilie · 1 Zwie-bel · 1 Ei · 50–70 g Weizen- oder Dinkelmehl (Voll-korn) · Salz · Pfeffer · Sojasauce · Öl zum Braten

- Sojaflocken in der heißen Gemüsebrühe kurz aufkochen und 15–30 Minuten bei geschlosse-nem Deckel quellen lassen.
- Die Kräuter waschen und trocken schütteln. Schnittlauch in Röllchen schneiden, Petersilie fein hacken.
- Die Zwiebel abziehen und klein würfeln. Mit Ei, Mehl, Salz und Pfeffer verrühren. Die Sojaflo-cken untermischen. Etwas Mehl zufügen, falls die Masse noch nicht bindet. Mit Salz, Pfeffer und Sojasauce kräftig abschmecken.
- Öl in einer Pfanne erhitzen und aus je einem Esslöffel Burgermasse Bratlinge formen. Jede Seite etwa 3–4 Minuten anbraten, vorsichtig wenden.

Mehl und Reis hat jeder in seinem Küchenschrank. Aber wenn Sie aufmerksam durch den Bioladen gehen, werden Sie überrascht sein, wie viele unterschiedliche Sorten Sie entdecken werden.

Getreide und Reis werden im Bioladen im Ganzen, als Grieß, Schrot, Grütze, Mehl oder Flocken angeboten. Auch fertige Teige (wie Nudelteig, Pizzateig, Blätterteig) stehen in den Kühlregalen oder Tiefkühltheken bereit. Nudeln gibt es nicht nur aus Weizen, sondern zum Beispiel auch aus Dinkel, Mais, Hirse, Quinoa oder Buchweizen.

Getreide

Botanisch gesehen werden als Getreide die Körnerfrüchte der Süßgräser (Poaceae) bezeichnet. Dazu zählen Weizen, Roggen, Hafer, Gerste, Mais, Hirse und ebenso Reis. Dinkel, auch Spelz, Spelt, Fesen oder „Schwabenkorn" genannt, ist ebenfalls eine Getreideart aus der Familie der Poaceae und eng mit dem heutigen Weizen verwandt. Zwischen „modernem" Weizen und Dinkel existieren viele Mischformen und Übergänge, da sie häufig gemeinsam angebaut und miteinander gekreuzt wurden. Die Dinkelsorte „Oberkulmer Rotkorn"

gilt als der Dinkel mit dem geringsten Weizenanteil. Grünkern ist in der sogenannten Milchreife geernteter Dinkel, der durch Hitzeeinwirkung gedarrt (getrocknet) und geröstet wird und dadurch einen nussig-würzigen und leicht rauchigen Geschmack erhält. Einkorn, Emmer und Kamut sind ebenfalls Süßgräser aus der Gattung des Weizens. Emmer und Einkorn sind mit die ältesten kultivierten Getreidearten der Menschheit. Kamut mit seinen fast doppelt so großen Körnern wie herkömmliche Weizenkörner ist hingegen der Produktname für eine spezielle Weizensorte.

Der Ausmahlungsgrad

Der Ausmahlungsgrad eines Mehles gibt den Gewichtsanteil zwischen dem Getreideausgangsgewicht und dem Mehl nach Vermahlen des Getreides in Prozent wider. Der Ausmahlungsgrad von Vollkornmehl beträgt 100 %, das heißt, Randschichten, Keim und Mehlkörper sind komplett im Mehl enthalten. Man spricht auch von hoch ausgemahlenem Mehl. Liegt der Ausmahlungsgrad bei 75 %, bedeutet das, dass im Mehl nicht mehr das ganze Korn enthalten ist, sondern nur drei Viertel davon. In der Regel reduziert sich das Gewicht durch Entfernen der Randschichten und des Keims und man spricht von niedrig ausgemahlenem Mehl. Die Bezeichnung „ausgemahlenes Mehl" im Sinne von niedrig ausgemahlenem Mehl ist nicht ganz korrekt.

Die Mehltype

Die Mehltype ist ein Maß für den Mineralstoffgehalt des Mehls, genau: den mittleren Mineralstoffgehalt in Milligramm pro 100 g Mehl in der
Trockensubstanz. In Weizenmehl mit der Type
405 sind demnach im Mittel 405 mg Mineralien,
in der Type 1600 die mittlere Menge von 1600 mg
auf 100 g Getreide-Trockensubstanz enthalten.
Mehle mit niedriger Type haben einen niedrigen
Ausmahlungsgrad und sind hell, Mehle mit hoher
Type einen hohen Ausmahlungsgrad und sind
dunkler. Der Mineralstoffgehalt in Vollkornmeh-
len beträgt übrigens zwischen 1900 und 2400 mg
pro 100 g Trockensubstanz, Vollkornmehle haben

jedoch keine gesonderte Typenbezeichnung. Ist
ein Mehl als Vollkornmehl deklariert, so muss das
Mehl alle Bestandteile des Korns einschließlich
des Keims enthalten.

Couscous und Bulgur

Couscous und Bulgur sind meist aus Weizen her-
gestellte, vorgegarte Getreideprodukte. Couscous
entsteht aus Grieß, der, mit Wasser befeuchtet,
zu kleinen Kügelchen gerollt, gekocht und anschließend getrocknet wird. Bei der Herstellung
von Bulgur wird das ganze Korn zunächst mehre-

WISSEN

Getreide im ganzen Korn

Für den Speiseplan sind insbesondere Getreide
aus dem vollständigen Korn bzw. Mehle mit einer
hohen Type zu empfehlen. Diese enthalten im
Keim hochwertige Fette und Eiweiße, Vitamine,
Mineralstoffe und sekundäre Pflanzenstoffe. In
den Randschichten finden sich Ballaststoffe und
auch Mineralstoffe, Vitamine und Eiweiße. Der
Mehlkörper im Inneren besteht aus Stärke und

Klebereiweiß (Gluten). Quinoa, Amarant und Canihua zeichnen sich durch besonders hochwertiges Eiweiß und hohe Gehalte an Mineralstoffen
aus. Mischen Sie doch mal Nudeln aus hellem
Mehl mit Vollkornnudeln. Genauso beim Reis.
Die Kochzeit richtet sich nach dem Natur-Reis,
geschälten Reis entsprechend später zufügen.

re Stunden gedämpft und getrocknet. Durch den Dämpfvorgang, ähnlich wie beim Parboiled-Reis, verlagern sich Mineralstoffe und Vitamine der äußeren Randschichten ins Korninnere. Es kann eine Entfernung der Randschichten und des Keims folgen. Bulgur wird anschließend zu grober oder feiner Grütze verarbeitet. Durch die jeweilige thermische Vorbehandlung sind beide Produkte schnell zubereitet.

Im Handel meistens ebenfalls unter dem Begriff Getreide zusammengefasst, sind die sogenannte Pseudogetreide. Dazu zählen Buchweizen (ein Knöterichgewächs), Quinoa und Amarant (Fuchsschwanzgewächse) und Canihua (Gänsefußgewächs). Quinoa, Amarant und Canihua stammen aus Südamerika, wo sie seit vielen Tausend Jahren kultiviert werden und wichtige Grundnahrungsmittel sind.

Tipp

Reis, Hirse, Mais, Amarant, Quinoa, Canihua und Buchweizen sind glutenfrei.

Reis

Augen und Gaumen können sich im Bioladen an vielen verschiedenen Reissorten erfreuen, wie Langkornreis, Jasminreis, Basmatireis, Milchreis,

Süßer Reis oder Sushi Reis. Die verschiedenen Reissorten werden wiederum als Naturreis, geschliffener Reis oder Parboiled-Reis angeboten.

Wildreis ist mit dem Reis nicht verwandt, er stammt aus der Familie der Süßgräser und zählt damit zu den Getreiden. Wildreis in Bio-Qualität wird meist nach alter indianischer Tradition in Kanada von wildwachsenden Pflanzen geerntet.

Getreide & Reis in der Küche

Aus Getreide, Reis und deren Produkten lassen sich pikante und süße Speisen zubereiten, wie Suppeneinlagen, Kuchen, Bratlinge, Nudeln, Salate, Aufläufe, Füllungen oder Klößchen. Vorverarbeitete Produkte wie Couscous oder Bulgur ergeben schnelle Mahlzeiten. Immer beliebter werden sogenannte Perl-Getreide. Das sind zum Beispiel Dinkel, Emmer oder Einkorn, deren Oberfläche angeschliffen ist und die so in rund 20 Minuten fertig gekocht sind.

Getreide und Reis lassen sich gut mit Gewürzen und Kräutern kombinieren, zum Beispiel mediterran mit Basilikum, Rosmarin und Salbei, indisch mit verschiedenen Currymischungen, frisch-bodenständig mit Petersilie, Schnittlauch, Dill und

Zitrone, orientalisch mit Schwarzkümmel und Knoblauch, wärmend-feurig mit Pfeffer, Chili, Ingwer und Galgant oder erdig-würzig mit Kümmel, Fenchel- und Koriandersamen. Einfache Beilagen werden zu etwas Besonderem, wenn Sie das fertig gekochte Getreide oder den Reis mit etwas Butter, Sojasauce, Zitronensaft oder Salzzitrone (siehe S. 184), frischen Kräutern und gerösteten Nüssen verfeinern.

Wie wird Reis & Getreide gelagert?

Getreide, Reis, Grieß, Schrot, Flocken und Mehl sind gut für die Vorratshaltung geeignet. Nehmen Sie die Zutaten am besten aus der Verpackung, denn Lebensmittelmotten können die Tüte durchstechen. Bewahren Sie Mehle und Reis dunkel und kühl in luftdichten und gut verschließbaren Behältnisse aus Glas, Metall, Keramik, Porzellan oder dickem Kunststoff auf. Die Haltbarkeit beträgt in der Regel ein bis mehrere Jahre. In ägyptischen Gräbern wurde übrigens Getreide gefunden, das heute noch keimfähig ist. Je stärker das Korn verarbeitet und zerkleinert wurde (zu Flocken, Mehlen, Schrot), desto schneller kann das Produkt verderben. Zügig verwendet werden sollte Couscous, ebenso Hirseprodukte, insbesondere Hirseflocken und Hirsemehl, da beim Abtrennen der Fruchtschale der Keim beschädigt werden kann und somit Öl austritt, das mit dem Luftsauerstoff oxidiert. Das lässt die Hirse bitter schmecken.

Zubereitungstipps

Getreide und Reis werden in der Regel gekocht gegessen, Flocken eingeweicht, gekocht, im Müsli verzehrt oder zu Burgern oder Keksen verarbeitet. Die große Auswahl im Bioladen sorgt für Abwechslung. Hier die Grundzubereitung und Verwendungshinweise zu verschiedenen Getreide- und Reissorten in alphabetischer Reihenfolge:

Amarant, Canihua

Zubereitung: Waschen und Einweichen entfällt, Kochdauer Canihua 10 Minuten, Kochdauer Amarant 30 Minuten, Nachquellen 10–15 Minuten
Garflüssigkeit: 1:2–2½; Salzen bereits zu Beginn der Kochzeit möglich
Geeignet für: Beilagen, Suppeneinlagen, Füllungen, pikante und süße Aufläufe, Canihua-Mehl für Pfannkuchen und Waffeln

Buchweizen

Zubereitung: Waschen und Einweichen entfällt, Kochdauer 15–20 Minuten, Nachquellen 15 Minuten
Garflüssigkeit: 1:2, Salzen bereits zu Beginn der Kochzeit möglich
Geeignet für: Beilagen, Füllungen, pikante und süße Aufläufe, Mehl für Pfannkuchen und Waffeln
Sonstiges: Buchweizen ins kochende Wasser geben, dadurch wird er locker und körnig. Kann vor dem Kochen ohne Fett angeröstet werden

Bulgur

Zubereitung: Waschen und Einweichen entfällt, Kochdauer 2–5 Minuten, Nachquellen 15–20 Minuten

Garflüssigkeit: 1:2, Salzen bereits zu Beginn der Kochzeit möglich

Geeignet für: Beilagen, Suppeneinlage, Füllungen, Aufläufe, Salate, Müsli

Couscous

Zubereitung: Waschen und Einweichen entfällt, muss nicht gekocht werden, sondern nur mit heißem Wasser übergießen und bei geschlossenem Deckel 5–10 Minuten quellen lassen

Garflüssigkeit: 1:1, Salzen bereits beim Überbrühen möglich

Geeignet für: Beilagen, Suppeneinlagen, Füllungen, Aufläufe, Salate

Dinkel, Einkorn, Emmer, Kamut, Roggen, Weizen

Zubereitung: Waschen, 4 Stunden (oder über Nacht) einweichen, Kochdauer 30–45 Minuten, Nachquellen 30–60 Minuten

Garflüssigkeit: 1:2½, Salzen am Ende der Kochzeit

Geeignet für: Beilagen, Füllungen, Getreidepfannen, Bratlinge, Getreide-Risottos, Salate, Aufläufe, Mehle zum Backen und Binden, Roggen insbesondere als Brotgetreide, Flocken für Porridge

Sonstiges: Bei Perl-Getreide entfällt das Einweichen, Kochdauer 20 Minuten, Nachquellen 15 Minuten, Garflüssigkeit: 1:2, Salzen bereits zu Beginn der Kochzeit möglich

Gerstengraupen

Zubereitung: Waschen und Einweichen entfällt, Kochdauer 20–30 Minuten, Nachquellen 15 Minuten

Garflüssigkeit: 1:2–3, Salzen bereits zu Beginn der Kochzeit möglich

Geeignet für: Suppeneinlagen, Minestrone, Eintöpfe, Füllungen, Getreidepfannen, Bratlinge, Salate, Aufläufe

Grünkern

Zubereitung: Waschen, 4 Stunden (oder über Nacht) einweichen, Kochdauer 20–30 Minuten, Nachquellen 20–30 Minuten

Garflüssigkeit: 1:2–2½, Salzen am Ende der Kochzeit

Geeignet für: Füllungen, Getreidepfannen, Bratlinge, Salate, Aufläufe

Hafer

Zubereitung: Waschen, 4 Stunden (oder über Nacht) einweichen, Kochdauer 20–30 Minuten, Nachquellen 20–30 Minuten

Garflüssigkeit: 1:1½ –2, Salzen am Ende der Kochzeit

Geeignet für: Beilagen, Füllungen, Getreidepfannen, Bratlinge, Aufläufe, Flocken für Porridge

Hirse

Zubereitung: heiß Waschen, Einweichen entfällt, Kochdauer 10–15 Minuten, Nachquellen 15 Minuten

Garflüssigkeit: 1:2–3, Salzen bereits zu Beginn der Kochzeit möglich

Geeignet für: Beilagen, Suppeneinlagen, Füllungen, Getreidepfannen, Bratlinge, süße Breie und Aufläufe

Sonstiges: Hirse ins kochende Wasser geben, kann vor dem Kochen ohne Fett angeröstet werden

Polenta (Maisgrieß)

Zubereitung: Waschen und Einweichen entfällt, Kochdauer 10 Minuten, Nachquellen 15 Minuten

Garflüssigkeit: 1:3–4, Salzen bereits zu Beginn der Kochzeit möglich

Geeignet für: Beilagen, Füllungen, pikante und süße Aufläufe

Sonstiges: Minuten-Polenta muss nur 2 Minuten kochen und 5 Minuten nachquellen

Quinoa

Zubereitung: heiß Waschen, Einweichen entfällt, Kochdauer 15–20 Minuten, Nachquellen 15 Minuten

Garflüssigkeit: 1:2, Salzen bereits zu Beginn der Kochzeit möglich

Geeignet für: Beilagen, Füllungen, pikante und süße Aufläufe, Mehl für Pfannkuchen und Waffeln

Reis, geschält

Zubereitung: Waschen, Einweichen optional, verkürzt die Kochzeit, Kochdauer 15–25 Minuten, Nachquellen 15 Minuten

Garflüssigkeit: 1:2, Salzen bereits zu Beginn der Kochzeit möglich

Geeignet für: Beilagen, Suppeneinlagen, Füllungen, Aufläufe, Salate, Milchreis

Reis natur, roter Reis, schwarzer Reis

Zubereitung: Waschen, Einweichen optional, verkürzt die Kochzeit, Kochdauer 40–60 Minuten, Nachquellen 15 Minuten

Garflüssigkeit: 1:2–3, Salzen am Ende der Kochzeit

Geeignet für: Beilagen, Suppeneinlagen, Füllungen, Aufläufe, Salate, Milchreis

Risotto-Reis, geschält

Zubereitung: Waschen und Einweichen entfällt, Kochdauer 20–30 Minuten, Nachquellen entfällt

Garflüssigkeit: 1:2, Salzen bereits zu Beginn der Kochzeit möglich

Geeignet für: Risottos, Beilagen, Füllungen

Risotto-Reis, natur

Zubereitung: Waschen und Einweichen entfällt, Kochdauer 40 Minuten, Nachquellen entfällt

Garflüssigkeit: 1:3½, Salzen bereits zu Beginn der Kochzeit möglich

Geeignet für: Risottos, Beilagen, Füllungen

Süßer Reis (Mochi-Reis)

Zubereitung: Waschen, Einweichen optional, verkürzt die Kochzeit, Kochdauer 45–60 Minuten, Nachquellen 15 Minuten

Garflüssigkeit: 1:3–4, Salzen am Ende der Kochzeit

Geeignet für: Süßspeisen, Reisaufläufe

Sushi Reis

Zubereitung: Waschen, Einweichen entfällt, Kochdauer 15 Minuten, Nachquellen 10 Minuten

Garflüssigkeit: 1:2, Salzen bereits zu Beginn der Kochzeit möglich

Geeignet für: Sushi, Bratlinge, Füllungen

Tsampa (geröstete und vermahlene Gerste)

Zubereitung: Waschen und Einweichen entfällt, roh oder zum Binden verwenden

Geeignet für: Suppen, Nachspeisen, Müsli, Energiebällchen, zum Binden

Sonstiges: Tsampa aus Kichererbsen ist ebenfalls erhältlich

Wildreis

Zubereitung: Waschen, Einweichen optional, verkürzt die Kochzeit, Kochdauer 60 Minuten, Nachquellen 15 Minuten

Garflüssigkeit: 1:3, Salzen am Ende der Kochzeit

Geeignet für: Beilagen, Suppeneinlagen, Füllungen, Aufläufe, Salate, für besondere Anlässe, zum Mischen mit anderen Reissorten

Sonstiges: Wildreis ist gar, wenn die Hälfte der Körner aufgeplatzt ist.

Tipp

Getreidesorten können auch gekeimt gegessen werden. Durch den Keimvorgang werden die Samen noch wertvoller, da der Gehalt zum Beispiel an Vitamin C und B$_1$ sowie der Gehalt an essentiellen Aminosäuren ansteigt. Sprossen aus Getreide können roh gegessen oder zuvor blanchiert, gekocht, gebraten oder gebacken werden.

Eine regionale Kornkammer

„Ich weiß genau, wie es den Pflanzen auf unseren Feldern geht", sagt Lorenz Lex, Naturland-Bauer mit Leib und Seele aus der Nähe von Erding. Täglich, bei Wind und Wetter, ist er draußen und beobachtet das Wachstum der vielfältigen Kulturen. Er hat ein gutes Gespür für die Pflanzen und das Wetter und trifft oftmals frühzeitig die richtigen Entscheidungen.

▲ Bereits seit Ende der 70er-Jahre wird auf dem Biohof Lex ökologisch gewirtschaftet. Zwei Generationen arbeiten hier: Bernadette Lex (im Bild), eine der Töchter, baut gemeinsam mit ihrer Schwester Raphaela und ihren Eltern artenreiche Feldfrüchte an.

In Emling, einem nahe dem bayerischen Erding gelegenen kleinen Ort, bewirtschaftet die Familie Lex ihren Bauernhof nach ökologischen Richtlinien. Heute bauen zwei Generationen dort artenreiche Feldfrüchte an: von Dinkel, Weizen und Nacktgerste über Soja- und Borlottibohnen bis hin zu Buchweizen, alten Maissorten und Braunhirse.

Lorenz Lex und seine Frau Elisabeth stellten ihren Betrieb bereits 1979 auf Bio um. Lorenz Lex ist auf dem Hof, der seit dem 17. Jahrhundert in Familienbesitz ist, aufgewachsen und übt seinen Beruf seit seiner Jugend aus. Gesundheitliche Gründe veranlassten ihn zum Nachdenken und zum allmählichen Umstrukturieren des Hofes. Die Umstellung auf ökologische Landwirtschaft kam aus purer Überzeugung, die Nachfrage nach Bio-Produkten war damals sehr gering und oftmals musste die Bio-Ware als konventionelle vermarktet werden. Im Zuge einer Ernährungsumstellung stieß Lorenz Lex auf Aussagen Hildegards von Bingen über den Dinkel als das beste Getreide. Begeistert von dieser Kultur fuhr Familie Lex 1980 die erste Ernte ein. „Wir bauen die Sorte Oberkulmer Rotkorn an. Diese Dinkelsorte stellt nur geringe Ansprüche an den Boden, und sie gilt als der reinste Dinkel, d. h. mit dem kleinsten Weizenanteil, der unter 1 % liegt", erklärt Lorenz Lex. „Daher wird er von vielen Menschen besser vertragen." Der Dinkel ist aufwendig in der Verarbeitung. Beim Dreschen fällt die Spreu nicht wie beim Weizen vom Korn, sondern muss in einem Extra-Arbeitsgang in der Mühle, dem sogenannten Gerbgang, entfernt werden. Wie viel Arbeit in einer Tüte Getreide steckt, das kann man da nur erahnen.

Familienbetrieb mit Herz und Seele

Seit 2002 arbeitet mit Bernadette und seit 2012 mit Raphaela Lex die nächste Generation auf dem Hof mit. Bernadette Lex absolvierte ihre landwirtschaftliche Lehre auf einem Biohof im Augsburger Raum. „Wenn Landwirtschaft, dann Bio, das war für mich immer klar", so die junge Bio-Bäuerin. Sie wusste um die Schwierigkeiten, einen Bio-Bauernhof zu betreiben, erkannte aber während ihrer Lehrjahre die Vorzüge, die dieser Beruf mit sich bringt, und entschied sich, nach dem folgenden landwirtschaftlichen Studium voll und ganz für die Mitarbeit auf dem elterlichen Betrieb. Sie ist auch die Ausbilderin ihrer jüngeren Schwester Raphaela, die auf dem Hof eine landwirtschaftliche Lehre absolviert. Der Austausch wird auf dem Biohof Lex großgeschrieben. Jeder hat seine eigenen Arbeitsbereiche. Schwerpunktmäßig ist Lorenz Lex für den Anbau und die Aufbereitung in der hofeigenen Mühle zuständig, Bernadette Lex für Ernte, Abpacken, Vermarktung, Versand und die Mitarbeiter. Elisabeth Lex ist Ansprechpartnerin im Hofladen und am Telefon. Die wichtigen Entscheidungen werden jedoch zusammen getroffen.

Von alten Sorten und neuen Rezepten

Immer auf der Suche, Abläufe zu verbessern und die Wertschöpfung auf dem Hof weiter auszubauen, baute Lorenz Lex 1986 eine Mühle zur Reinigung und Aufbereitung von Getreide und anderen Kulturen. So entwickelte sich ein vielseitiger und auf besondere Kulturen spezialisierter Ackerbaubetrieb. Die Artenvielfalt ist

ihnen wichtig, „Bewahren durch Aufessen", sagt schmunzelnd die Agraringenieurin. So schmücken neben dem Dinkel, der rot schimmernd auf den Feldern steht, auch Hirse und Buchweizen die Äcker. „Buchweizen blüht sehr lange, von Juli bis Oktober. Das ist für uns eine Augenweide und gleichzeitig bietet es Bienen und anderen Insekten Nahrung", sagt Bernadette Lex. Auch eine alte Landmaissorte aus Österreich steht bei Lex auf den Feldern, die sie in der Mühle zu Polenta verarbeiten. Oder der Pur-

▼ Die Sonderkulturen, wie Dinkel der Sorte Oberkulmer Rotkorn oder der Purpurweizen, liegen der Familie besonders am Herzen. In der Erntezeit packen alle mit an, denn der Biohof Lex ist ein Familienbetrieb durch und durch.

purweizen, dessen Schale die gleichen sekundären Pflanzeninhaltsstoffe, die sogenannten Anthocyane, enthält, wie sie im Rotwein vorkommen. „Gerade an diesen Sonderkulturen hängt unser Herz am meisten", sind sich Vater und Tochter Bernadette einig. Und Elisabeth Lex zaubert allerhand Köstlichkeiten daraus, wie leckere Grießnockerl aus Dinkelgrieß und Buchweizengrütze. Da schmeckt das tägliche, gemeinsame Mittagessen mit den Mitarbeitern gleich doppelt so gut.

Geröstete Grünkernsuppe

Einfach köstlich

Für 4 Personen als Vorspeise
preisgünstig
🕐 25 Minuten

2 EL Butter · 40 g feiner Grünkernschrot · 1 knapper TL getrocknete Steinpilze (z. B. von Sonnentor) · 1 l Gemüsebrühe · 2 Eigelb · 4 EL Sahne · Salz · Pfeffer · etwas Petersilie

- Die Butter in einem Topf erhitzen. Grünkernschrot und Steinpilze darin 3–4 Minuten anschwitzen. Mit Gemüsebrühe auffüllen und 15 Minuten bei mittlerer Hitze kochen. Dann den Topf vom Herd nehmen und etwas abkühlen lassen.
- Die Eigelbe mit der Sahne verquirlen. Die Eigelb-Sahne unter Rühren zufügen. Nicht mehr kochen, sonst gerinnt das Ei. Mit Salz und Pfeffer abschmecken.
- Die Petersilie waschen, trocken schütteln, fein hacken und zur Suppe reichen.

Tipp: Getrocknete Steinpilze sparsam dosieren, da ihr Geschmack recht intensiv ist. Sie passen gut zu Suppen, Saucen und Fleisch.

Cremige Tsampa-Suppe

Mit Lauch und Champignons

Für 4 Personen als Vorspeise
geht schnell
🕐 15 Minuten

½ Lauchstange · 4 Champignons · Öl zum Braten · 8 EL Tsampa (aus Gerste) · 1 l Gemüsebrühe · Salz · Pfeffer

- Lauch waschen, putzen und in schmale Ringe, Champignons in dünne Scheiben schneiden.
- Öl erhitzen und Champignons und Lauch einige Minuten andünsten.
- Tsampa dazufügen und kurz anschwitzen. Dann die kalte Gemüsebrühe zugeben und mit dem Schneebesen gut rühren. Kurz aufkochen lassen. Mit Salz und Pfeffer abschmecken.

Herzhafte Amarant-Suppe

Heißes Inka-Korn

Für 4 Personen als Vorspeise
gut vorzubereiten
🕐 20 Minuten + 30 Minuten Kochzeit

2 Frühlingszwiebeln · 60 g Kräuterseitlinge · 2 kleine Zwiebeln · 2 kleine Karotten · 4 EL Bratöl · 150 g Amarant · ½ TL Curry · 1 l Gemüsebrühe · 2 gehäufte EL Tsampa · 2 EL Sahne · Salz · Pfeffer

- Frühlingszwiebeln waschen und in schmale Ringe schneiden. Kräuterseitlinge in dünne Scheiben schneiden. Zwiebeln abziehen und klein würfeln. Karotten waschen, schälen, längs vierteln und klein schneiden.
- Die halbe Ölmenge in einem Topf erhitzen, Frühlingszwiebeln und Kräuterseitlinge anbraten und beiseitestellen.
- Das restliches Öl erhitzen, Zwiebeln und Karotten anbraten. Amarant und Curry zufügen und 2 Minuten mitbraten. Die Gemüsebrühe angießen, zum Kochen bringen und etwa 30 Minuten bei geschlossenem Deckel auf mittlerer Hitze kochen.
- Tsampa mit etwas kaltem Wasser und der Sahne verrühren und zum Binden zur Suppe geben. Mit Salz und Pfeffer abschmecken.
- Die Suppe in Tellern anrichten und die Frühlingszwiebel-Pilz-Mischung darauf verteilen.

Erfrischender Quinoa-Salat

Passend für die Grillsaison

Für 4 Personen als Salat oder Beilage
gut vorzubereiten
🕐 30 Minuten + 30 Minuten Ruhezeit

250 g (2 Tassen) Quinoa · 300 ml (2 Tassen) Apfel-Mango-Saft · 300 ml (2 Tassen) Wasser · 1 rote Spitzpaprikaschote · 1 Zucchini · 1 Bund Frühlingszwiebeln · 1 kleiner Zweig frische Minze · 4 EL Genmai-Su-Reisessig oder Weißweinessig · 4 EL Zitronensaft · 8 EL Olivenöl · scharfes Paprikapulver nach Belieben · Salz · Pfeffer · 6 EL getrocknete Cranberrys

- Quinoa in einem Sieb mit heißem Wasser waschen. Mit Saft und Wasser zum Kochen bringen und etwa 20 Minuten bei geschlossenem Deckel auf mittlerer Hitze kochen. Herdplatte ausschalten und einige Minuten nachquellen lassen. Mit der Gabel auflockern und abkühlen lassen.
- Das Gemüse waschen, putzen und in mundgerechte Stücke schneiden. Die Minze waschen und in feine Streifen schneiden.
- Einige Esslöffel Wasser in einem Topf erhitzen und darin Paprikaschote, Zucchini und Frühlingszwiebel bei geschlossenem Deckel wenige Minuten dünsten.
- Genmai Su, Zitronensaft und Olivenöl mit Paprikapulver, Salz und Pfeffer verquirlen.
- Das Salatdressing mit Quinoa, Gemüse, der restlichen Kochflüssigkeit und den Cranberrys mischen. Nochmals abschmecken und servieren.

Das passt dazu: Gegrilltes. Mit Radieschen-Sprossen garnieren.

Variante: Statt Apfel-Mango-Saft eignet sich ebenso reiner Apfelsaft.

Fluffige Canihua-Bratlinge

Überraschend im Geschmack

Für 4 Personen als Beilage
gelingt leicht
🕐 30 Minuten

100 g Canihua (z. B. von Schnitzer) · 250 ml Wasser · 3–4 Frühlingszwiebeln · 2 Eier · Salz · Pfeffer · Öl zum Braten

- Canihua mit dem Wasser zum Kochen bringen und etwa 10 Minuten bei geschlossenem Deckel auf mittlerer Hitze kochen. Herdplatte ausschalten und einige Minuten nachquellen lassen.
- In der Zwischenzeit die Frühlingszwiebeln waschen, putzen und in schmale Ringe schneiden.
- Die Eier trennen und das Eiweiß zu Schnee schlagen.
- Canihua mit Frühlingszwiebeln und Eigelb vermischen. Mit Salz und Pfeffer abschmecken. Den Eischnee unter die Masse heben.
- Öl in einer Pfanne erhitzen und aus je einem Esslöffel Teig kleine Bratlinge formen. Jede Seite etwa 3–4 Minuten anbraten. Die Bratlinge vorsichtig wenden.

Das passt dazu: ein cremiger Dipp aus Frischkäse, fruchtigem Senf und Balsamico-Essig

Panierte Reisburger

In schwarz-weißem Sesamgewand

Für 4 Personen als Beilage
gut vorzubereiten
🕐 30 Minuten + 20 Minuten Kochzeit für den Reis

250 g (2 Tassen) Sushi-Reis · 600 ml (4 Tassen) Wasser · 50 g Pecorino oder Parmesan · 50 g Butter · 2 Eier · Salz · Pfeffer · je 25 g weiße und schwarze Sesamkörner · Öl zum Braten

- Sushi-Reis gründlich waschen. Mit Wasser zum Kochen bringen und etwa 15 Minuten bei geschlossenem Deckel auf mittlerer Hitze kochen. Herdplatte ausschalten und einige Minuten nachquellen lassen. Abkühlen lassen.
- Den Käse fein reiben und mit der Butter und einem Ei unter den abgekühlten Reis mischen. Mit Salz und Pfeffer würzen.
- Das verbleibende Ei verquirlen und auf einen Teller geben. Auf einem zweiten Teller die Sesamkörner mischen.
- Mit angefeuchteten Händen aus der Reismasse Bällchen formen und flach drücken. Jeden Reisburger erst im verquirlten Ei, dann im Sesam wälzen.
- Öl in einer Pfanne erhitzen und die Reisburger von jeder Seite etwa 3–4 Minuten kross anbraten, vorsichtig wenden. Auf Küchenpapier abtropfen lassen.

Das passt dazu: Romanesco in Currysauce (siehe S. 133), gebackene Hähnchenschenkel mit Senf-Honig-Kruste (siehe S. 150)

Fluffige
Canihua-Bratlinge

Cremiges Einkorn-Risotto mit Champignons

Zum Dahinschmelzen

UNSER REZEPT · TOP TEN

Für 4 Personen als Beilage
schön für Gäste
⊙ 40 Minuten

300 g Champignons
2 Schalotten
1 Stück Ingwer, etwa 1 cm
1 kleine Chilischote
6 EL Olivenöl
200 g Perl-Einkorn
(z. B. von Chiemgaukorn)
100 ml Weißwein, trocken
2 Saftorangen
etwa 500 ml Gemüsebrühe
80 g Pecorino
2 Zweige Petersilie
2 EL kalte Butter
Salz
Pfeffer

- Champignons bei Bedarf mit einer Gemüsebürste abbürsten, putzen und in dünne Scheiben schneiden. Schalotten abziehen und fein würfeln. Ingwer schälen und fein hacken. Chilischote waschen, halbieren, entkernen und in dünne Streifen schneiden.
- Schalotten in einem Topf mit Olivenöl bei mittlerer Hitze anschwitzen. Perl-Einkorn, Ingwer und Chilistreifen zugeben. Kurz mitdünsten.
- Mit Weißwein ablöschen und einköcheln lassen. Saftorangen halbieren und den Saft durch ein Sieb in das Risotto pressen. Einköcheln lassen. Nach und nach die Gemüsebrühe angießen, sodass der Reis immer gerade eben bedeckt ist. Die Flüssigkeit unter ständigem Rühren einkochen lassen. Dann wieder Flüssigkeit zufügen und rühren. Nach etwa 10 Minuten die Champignonscheiben zugeben.
- So lange Brühe angießen, bis der Perl-Einkorn gar ist, aber noch Biss hat. So entsteht ein cremiges Risotto.
- Den Käse fein reiben. Die Petersilie waschen, trocken schütteln und fein hacken.
- Das Risotto mit dem geriebenem Käse bestreuen (erst bei geschlossenem Deckel anschmelzen lassen, dann unterrühren) und die kalte Butter unterrühren. Mit Salz und Pfeffer abschmecken und auf Tellern anrichten. Das Risotto mit der gehackten Petersilie dekorieren.

Köstlicher Buchweizen mit Zitronen-Note

Einfach und vollwertig

Für 4 Personen als Beilage
gelingt leicht
🕐 25 Minuten

600 ml (4 Tassen) Wasser · 250 g (2 Tassen) Buchweizen (z. B. vom Biohof Lex) · ½ kleine Zitrone · 1 EL Butter · 2 EL Sojasauce · Petersilie nach Belieben

- Wasser zum Kochen bringen. Sobald es siedet, den Buchweizen zufügen und 15 Minuten bei geschlossenem Deckel bei mittlerer Hitze kochen. Der Buchweizen ist fertig, sobald sich kleine Löcher darin bilden. Dann die Herdplatte ausschalten und einige Minuten nachquellen lassen.
- Die Zitrone in Scheiben schneiden, auf den Buchweizen legen und darauf die Butter geben. Sobald die Butter ganz durch die Zitrone geschmolzen ist, die Sojasauce unterrühren.
- Nach Belieben gehackte Petersilie zufügen und den Buchweizen als Beilage servieren.

Das passt dazu: Kate's delicious Broccoli (siehe S. 138), gebratener Fenchel mit Balsamico-Sauce (siehe S. 128)

Polenta-Auflauf mit Käsekruste

Würzig, cremig, unwiderstehlich!

Für 4 Personen als Hauptspeise
schön für Gäste
🕐 35 Minuten + 10 Minuten Backzeit

200 g Polenta (Maisgrieß, z. B. Minuten-Polenta von Rapunzel) · 800 ml Wasser · Öl für die Form + zum Braten · 2 EL Frischkäse natur (alternativ: Sauerrahm) · Muskat · Salz · 3 Paprikaschoten · 1–2 Zucchini · 1 Knoblauchzehe · 1 TL Paprikapulver, edelsüß · 150 g Gorgonzola · Pfeffer

- Wasser zum Kochen bringen, salzen und die Polenta unter ständigem Rühren einrieseln lassen. 2 Minuten köcheln, dabei weiterrühren. Den Topf von der Herdplatte nehmen und bei geschlossenem Deckel 5 Minuten quellen lassen.
- Eine Auflaufform oder 4 feuerfeste Portionsförmchen mit Öl auspinseln.
- Die Polenta mit Frischkäse vermischen, mit Muskat und Salz kräftig abschmecken und in die Form füllen. Die Oberfläche mit einem angefeuchteten Löffel glatt streichen.
- Das Gemüse waschen. Die Paprikaschoten mit dem Sparschäler schälen und klein würfeln. Die Zucchini ebenfalls in kleine Würfel schneiden. Knoblauch abziehen und fein würfeln.
- Das Gemüse mit wenigen Tropfen Öl in einer Pfanne 5–7 Minuten anbraten. Knoblauch und Paprikapulver zufügen, nur kurz mitbraten lassen. Das Gemüse auf der Polenta verteilen.
- Den Käse in Scheiben schneiden, auf dem Auflauf verteilen und pfeffern.
- Den Backofen auf 200 °C (Umluft: 180 °C) vorheizen. Den Auflauf auf der mittleren Schiene etwa 10 Minuten überbacken, bis er eine schöne Kruste hat.

Pasta mit Rucola-Zitronen-Pesto

Mit gerösteten Kürbis- und Pinienkernen

Für 4 Personen als Hauptspeise
gelingt leicht
⏱ 30 Minuten

400 g Tagliatelle (z. B. von Alb-Natur) · 40 g Kürbiskerne · 40 g Pinienkerne · 100 g Pecorino · 100 g Rucola · 1 Zitrone · 1 Knoblauchzehe · 6 EL Olivenöl · Salz · Pfeffer

- Wasser zum Kochen bringen, salzen und die Nudeln kochen. Einen Teil des Nudelwassers für die Zubereitung des Pestos auffangen. Die Nudeln warm halten.
- Kürbis- und Pinienkerne ohne Fett in der Pfanne rösten. Dabei die Pfanne immer wieder schwenken, damit die Kerne gleichmäßig rösten.
- Den Käse fein reiben. Rucola waschen, trocken schleudern und grob hacken. Die Zitronenschale abreiben (nur die aromatische gelbe Schale) und den Saft auspressen. Knoblauch abziehen und würfeln.
- Je ⅔ der Kerne, Käse und Rucola mit Zitronenschale und -saft, Knoblauch, Olivenöl und etwas Nudelwasser pürieren. Eventuell Nudelwasser nachgießen, bis die gewünschte Konsistenz erreicht ist. Mit Salz und Pfeffer abschmecken.
- Das Pesto unter die Nudeln mischen und mit den restlichen Kürbis- und Pinienkernen, Käse und Rucola garnieren.

Variante: Statt Pecorino eignet sich auch Fetakäse. Zusätzlich ein paar Kräuterseitlinge oder andere Pilze anbraten und unter die Nudeln mischen.

Fruchtiger Kokosreis

Zergeht auf der Zunge

Für 4 Personen als Süßspeise
das lieben Kinder
⏱ 20 Minuten + mehrere Stunden einweichen + Reis vorkochen

8 getrocknete Aprikosen · 250 g (2 Tassen) Milchreis · 600 ml (4 Tassen) Wasser · 1 EL Butter oder Ghee · 4 EL Kokosflocken · 1 Prise Salz · 3–4 EL Zitronensaft · 4 EL Joghurt (natur), Dickmilch oder Buttermilch

- Ein paar Stunden vorher die Aprikosen in mundgerechte Stücke schneiden und in der doppelten Menge Wasser einweichen.
- Den Reis mit Wasser zum Kochen bringen und etwa 20 Minuten bei geschlossenem Deckel auf mittlerer Hitze kochen. Herdplatte ausschalten und den Reis einige Minuten nachquellen lassen.
- Das Fett in einem Topf erhitzen, darin die Kokosflocken kurz anbraten. Die eingeweichten Früchte, Reis, Salz und nach Belieben etwas Wasser zugeben und erwärmen. Mit Zitronensaft und Joghurt, Dickmilch oder Buttermilch mischen.
- Nach Belieben den Reis süßen. Im Bioladen stehen neben Zucker weitere Süßungsmittel zur Auswahl, z. B. Honig, Apfelsüße, Mascobadozucker. Eventuell bedarf es keiner weiteren Zugabe, da der Milchreis durch die eingeweichten Früchte schon angenehm süß schmeckt.

Variante: Statt getrockneter Aprikosen frisches Obst der Saison und abgeriebene Orangenschale verwenden. Im Winter mit Zimt, Kardamom und Nelken abschmecken. Statt Milchreis kann Süßer Reis verwendet werden. Diesen in der dreifachen Menge Wasser 45 Minuten kochen.

Getreide
& Reis

Pilaw vom roten Reis mit Maroni

Für kalte Tage

- Roten Reis waschen, mit Wasser zum Kochen bringen und etwa 40 Minuten bei geschlossenem Deckel auf kleiner Hitze kochen. Herdplatte ausschalten und einige Minuten nachquellen lassen. Den Reis mit der Gabel auflockern.
- Die Zwiebeln abziehen und würfeln, die Shiitake-Pilze putzen und vierteln, die Maroni grob hacken.
- Ghee in einer Pfanne erhitzen und die Zwiebeln darin eine Minute andünsten. Pilze und Maroni zufügen. Langsam braten, bis die Pilze weich sind.
- Petersilie waschen, trocken schütteln und fein hacken.
- Den gekochten Reis zu den Zwiebeln und Pilzen fügen und mitbraten. Mit Zitronensaft, ein paar Spritzern Sojasauce, Salz und Pfeffer würzen. Die Petersilie untermischen.
- Zum Schluss ein wenig Olivenöl unter das Gericht mischen, damit der Reis einen schönen Glanz bekommt.

Das passt dazu: Salat der Saison

Tipp: Mehrstündiges Einweichen des Reis (auch über Nacht möglich) verkürzt die Kochzeit auf 20 Minuten. Den Reis mit der 2,5-fachen Menge Wasser einweichen, in der verbleibenden Einweichflüssigkeit kochen.

Für 4 Personen als Hauptspeise
gut vorzubereiten
⏱ 20 Minuten + 40 Minuten Kochzeit für den Reis

250 g (2 Tassen) roter Reis
750 ml (5 Tassen) Wasser
2 kleine Zwiebeln
300 g Shiitake-Pilze
200 g Maroni
(bereits fertig gekocht)
2 EL Ghee
1 Bund Petersilie
4 EL Zitronensaft
Sojasauce
Salz · Pfeffer
Olivenöl

Bunter Reis mit Garnelen

Mit Sommergemüse

Für 4 Personen als Hauptspeise
gelingt leicht
🕐 30 Minuten + 60 Minuten Auftauzeit Garnelen
+ Kochzeit Reis

200 g Garnelen, tiefgekühlt (z. B. von Biopolar) ·
250 g (2 Tassen) Natur-Reis, z. B. Langkorn-
oder Basmati-Reis · 750 ml (5 Tassen) Wasser ·
2–3 Stangen Sellerie · 1 rote Paprikaschote ·
1 kleiner Kohlrabi · 1 Bund Frühlingszwiebeln ·
1 Knoblauchzehe · 3 EL Sesamöl, nativ · 3 TL milde
Currypaste · Salz · Pfeffer

- Garnelen unter kaltem Wasser kurz abbrausen
  und auf einem Teller etwa eine Stunde auftau-
  en. Mit Küchenpapier abtupfen.
- Den Reis waschen, mit Wasser zum Kochen
  bringen und etwa 45 Minuten bei geschlossenem Deckel bei kleiner Hitze kochen. Herdplatte ausschalten und den Reis einige Minuten
  nachquellen lassen. Mit der Gabel auflockern.
- Das Gemüse waschen. Stangensellerie mit dem
  Sparschäler schälen. Die Paprikaschote vierteln
  und entkernen, den Kohlrabi schälen. Stangensellerie, Paprikaschote und Kohlrabi in Streifen,
  Frühlingszwiebeln in schräge Ringe schneiden.
  Knoblauch abziehen und fein würfeln.
- Sesamöl in einer großen Pfanne bei mittlerer
  Temperatur erhitzen. Stangensellerie, Paprikaschote und Kohlrabi 3 Minuten anbraten. Frühlingszwiebeln und Knoblauch zufügen, eine Minute mitbraten. Mit Currypaste und Garnelen
  weitere 3 Minuten braten. Den Reis hinzufügen
  und mit Salz und Pfeffer abschmecken.

Variante: Wer den Geschmack von Sesam gerne
mag, kann am Ende das Gericht mit ein paar
Tropfen geröstetem Sesamöl abschmecken.

Sahnige Hirsecreme

Eine Nachspeise zum Verlieben

Für 4–5 Personen als Nachspeise
das lieben Kinder
🕐 15 Minuten + 30 Minuten Zubereitung für die
Hirse

125 g (1 Tasse) Hirse · 450 ml (3 Tassen) Wasser ·
200–250 ml Milch oder Reisdrink · 4 EL Zucker ·
3 EL Zitronensaft · 2 Msp. Bourbon Vanille gemahlen · 1 Prise Salz · 120 g Sahne

- Hirse in einem Sieb mit heißem Wasser waschen. Mit Wasser zum Kochen bringen und
  etwa 15 Minuten bei geschlossenem Deckel auf
  mittlerer Hitze kochen. Herdplatte ausschalten
  und die Hirse einige Minuten nachquellen lassen. Mit der Gabel auflockern und abkühlen.
- Die Hirse mit Milch, Zucker, Zitronensaft, Vanille und Salz fein pürieren. Die Sahne steif
  schlagen, ¾ der Sahne unter die Hirsecreme
  heben. Mit Zitronensaft und eventuell Zucker
  abschmecken.
- Die Creme auf Schälchen verteilen und mit der
  restlichen Sahne garnieren.

Bunter Reis
mit Garnelen

Kerniges Quinoa-Bananen-Soufflé

Süßes aus dem Ofen

Für 4 Personen als Nachspeise
schön für Gäste
🕐 35 Minuten + 30 Minuten Backzeit

125 g (1 Tasse) Quinoa · 300 ml (2 Tassen) Wasser · 4 Bananen · 1 Zitrone · ½ Vanilleschote · 6 EL Zucker · 1 EL Butter für die Form · 4 EL Walnüsse · 4 Eier · 1 Prise Salz

- Quinoa in einem Sieb mit heißem Wasser waschen. Mit Wasser zum Kochen bringen und etwa 20 Minuten bei geschlossenem Deckel auf mittlerer Hitze kochen. Herdplatte ausschalten und einige Minuten nachquellen lassen. Mit einer Gabel auflockern und abkühlen lassen.
- Die Bananen mit der Gabel zerdrücken. Die Zitrone auspressen und unter das Bananenmus rühren. Die Vanilleschote längs aufschneiden, das Mark herauskratzen und zum Mus geben.
- 2 Esslöffel Zucker auf mittlerer Hitze in einer Pfanne schmelzen lassen. In der Zwischenzeit die Auflaufform mit Butter einfetten.
- Die Walnüsse im heißen Zucker karamellisieren. Auf einem Teller auskühlen lassen.
- Die Eier trennen. Eiweiß steif schlagen. Eigelb mit 4 Esslöffel Zucker schaumig rühren.
- Quinoa mit der Bananenmischung, den Walnüssen und den Eigelben vermischen. Den Eischnee unter die Masse heben.
- Die Masse in der Auflaufform verteilen. Den Backofen auf 200 °C (Umluft: 180 °C) vorheizen und auf der mittleren Schiene 20–30 Minuten backen.

Tipp: Vanillezucker können Sie leicht selbstmachen. Dazu die übrige Vanilleschote in ein Glas mit Zucker geben und mindestens 3 Wochen durchziehen lassen.

Canihua-Blinis mit Haselnussmus

Für Naschkatzen

Für 4 Personen als Nachspeise
das lieben Kinder
🕐 40 Minuten

1 Ei · 40 g Zucker · 60 g Haselnussmus · 120 g Canihuamehl (z. B. von Schnitzer) · ½ TL Backpulver · 125 ml Mineralwasser · Öl oder Ghee zum Braten

- Das Ei trennen. Eiweiß steif schlagen. Das Eigelb mit Zucker und Haselnussmus verrühren.
- Canihuamehl, Backpulver und Mineralwasser zufügen und zu einem glatten Teig verarbeiten. Den Eischnee unter die Masse heben.
- Das Fett in einer Pfanne erhitzen und aus je ein Esslöffel Teig kleine Pfannkuchen backen. Jede Seite etwa 3–4 Minuten anbraten. Vorsichtig wenden.

Tipp: Die Canihua-Blinis brechen leicht beim Wenden in der Pfanne. Mit etwas Übung bleiben sie jedoch in Form.

Powerdrink

Der Energieschub für Zwischendurch

Für 4 Personen
geht schnell
🕑 15 Minuten

8 EL Flocken, z. B. aus Hafer, Dinkel, Reis oder
Hirse · 4 EL Sojaflocken · etwa 250 ml Wasser ·
1 Apfel · 8 Datteln, getrocknet (entsteint) · 1 Prise
Salz · 2 EL Zitronensaft · 2 EL Leinöl · 250 ml Reisdrink · 2–3 EL Crunchy-Müsli (z. B. von Barnhouse)

- Die Flocken in einen Topf geben. So viel Wasser
  angießen, dass sie gut bedeckt sind. Den Apfel
  waschen, entkernen und grob zerteilen. Mit
  den Datteln und Salz in den Topf geben. Einmal
  aufkochen lassen.
- Zitronensaft, Leinöl und Reisdrink zufügen und
  bis zur gewünschten Konsistenz pürieren. Nach
  Belieben weitere Flüssigkeit dazufügen, mit Zitronensaft abschmecken.
- Mit Crunchy-Müsli garnieren. Nach Geschmack
  zusätzlich süßen, jedoch hat der Reisdrink
  schon eine natürliche Süße.

Variante: Statt Crunchy-Müsli als Topping eignen sich gehackte Nüsse oder Mandeln, Kokosflocken oder Schokoraspeln.

Quark-Öl-Teig mit Hirseflocken

Für herzhafte Quiches und süße Kuchen

Für eine runde Form mit Ø 28 cm
geht schnell
🕑 15 Minuten

100 g Dinkel- oder Weizenmehl Type 1050 · 35 g
Hirseflocken · 80 g Quark · 4 EL Öl + etwas für die
Form · 1 Ei (oder 1 Eiweiß) · ¼ TL Salz

- Aus Mehl, Hirseflocken, Quark, Öl, dem Ei und
  Salz einen geschmeidigen Teig kneten.
- Eine runde Backform (Ø 28 cm) mit Öl auspinseln. Den Teig auf einer leicht bemehlten Arbeitsfläche auswellen und in die Form setzen.
- Eine Auflage zubereiten, zum Beispiel die wür-
  zige Erbsenquiche (siehe S. 138).
- Den Backofen auf 200 °C (Umluft: 180 °C) vorheizen. Den Teig auf der unteren Schiene 30–40
  Minuten (abhängig von der Dicke der Füllung)
  backen.

Oliven-Sardellen-Muffins

Mediterraner Genuss in Muffin-Form

Für 12 Stück
gelingt leicht
🕐 20 Minuten + 20 Minuten Backzeit

etwas Olivenöl für die Form · 125 g Mozzarella ·
2 EL schwarze Oliven ohne Kern · 4 Sardellen in Öl
(z. B. von Pan do Mar) · 2 Eier · 100 ml Olivenöl ·
350 g Buttermilch · 200 g Dinkel- oder Weizenmehl
Type 1050 · 2 TL Backpulver · 100 g Kamutgrieß ·
1 TL Salz

- Muffinförmchen mit etwas Olivenöl einfetten.
- Mozzarella abtropfen lassen und klein würfeln.
  Oliven in Scheiben und Sardellen in kleine Stü-
  cke schneiden.
- Die Eier zusammen mit Olivenöl und Butter-
  milch in einer Schüssel verquirlen. Mehl, Back-
  pulver, Grieß und Salz zufügen und zu einem
  Teig verarbeiten.
- Mozzarella, Oliven und Sardinen in den Teig
  mischen und auf die 12 Muffinförmchen ver-
  teilen.
- Den Backofen auf 200 °C (Umluft: 180 °C) vor-
  heizen und auf der mittleren Schiene 20–25
  Minuten backen.

Chapati-Brote

Typisch indische Beilage

Für 4 Personen als Beilage
braucht etwas mehr Zeit
🕐 60 Minuten + 30 Minuten Ruhezeit

250 g Dinkelmehl Type 1050 · ½ TL Salz · etwa
125 ml Wasser · etwas Sonnenblumenöl · Ghee
zum Bestreichen

- Mehl und Salz in einer Schüssel miteinander
  vermischen. Nach und nach so viel Wasser zufügen, bis ein fester Teig entsteht.
- Nun geht es ans Kneten: Hände mit etwas Sonnenblumenöl einreiben und den Teig 10 Minuten lang auf einer bemehlten Arbeitsfläche
  kneten. Der Teig verändert dadurch seine Be-
  schaffenheit und wird elastisch und weich. Die
  Teigkugel in einer Schüssel, bedeckt mit einem
  feuchten Tuch, 30 Minuten ruhen lassen.
- Den Teig in 8 Portionen teilen und jeweils zu
  einer kleinen Kugel formen. Jede Kugel etwa
  ½ cm dick auf einer bemehlten Arbeitsfläche
  auswellen.
- Eine schwere Pfanne ohne Fett erhitzen. Cha-
  pati in die heiße Pfanne legen und backen, bis
  sich auf der oberen Seite leichte Blasen zeigen.
  Umdrehen und den Rand des Brotes mit Hilfe
  eines zusammengelegten Küchenhandtuchs
  (vorsichtig, wird sehr heiß) nach unten drücken. Dadurch blähen sich die Fladen (mit etwas Übung) auf. Von der anderen Seite Vorgang
  wiederholen.
- Die fertigen Chapatis mit etwas Ghee bestreichen, auf einem Teller stapeln und servieren.

Das passt dazu: fruchtige Tomatensuppe mit
Gin (siehe S. 125), Soupe au Pistou (siehe
S. 29)

Leckere Injera-Fladen

Spezialität aus Ostafrika

Für 4 Personen als Beilage
preisgünstig
⊕ 30 Minuten + 12 Stunden zum Teig gehen
lassen

150 g Maismehl oder Minuten-Polenta · 500 g Dinkelmehl Type 1050 · 1 TL Trockenhefe · 2 EL Sauerteig · 1 EL Salz · 1 l Wasser · Öl zum Braten

- Der Teig muss 12 Stunden gehen, daher am
  besten den Teig am Vortag zubereiten. Dazu in
  einer großen Schüssel (Teig geht stark auf) die
  Mehle mit Hefe, Sauerteig, Salz und Wasser gut
  vermengen. An einem warmen Platz offen über
  Nacht gehen lassen.
- Am nächsten Tag eine beschichtete Pfanne mit
  sehr wenig Öl auspinseln und auf gut mittlere
  Temperatur erhitzen. Den Teig nochmals kurz
  durchrühren und schöpfkellenweise wie beim
  Pfannkuchen-Backen in die Pfanne geben. Den
  Deckel auflegen, so können sich, typisch für
  diese weichen Fladen, kleine Bläschen bilden.
  Den Fladen nicht wenden, er ist fertig, sobald
  er sich vom Rand löst.
- Die fertigen Fladen auf einen Teller schichten
  und mit einem Tuch abdecken.

Tipp: Auf dem Fladen wird in Äthiopien und
Eritrea die Beilage serviert. Er ist damit Speise
und Teller zugleich, Essbesteck wird nicht benötigt. Beim Essen mit den Händen vom Fladen
kleine Stücke abreißen und damit die Beilage
aufnehmen. Beilagen können Gemüse- oder
Fleischragouts sowie Hülsenfruchtgerichte
sein.

Grünkernbutter

Überraschend im Geschmack

Für 4 Personen (ergibt etwa 150 g)
gelingt leicht
⊕ 10 Minuten + 2 Stunden zum Quellen

50 g Grünkernschrot · 50 g Butter · 3 TL Gomasio ·
2–3 TL mittelscharfer Senf · 2 TL Leindotteröl ·
1 EL Zitronensaft · 1 Prise Majoran · ein paar
Zweige Petersilie · Salz · Pfeffer

- Den Grünkernschrot in gleicher Menge Wasser
  mindestens 2 Stunden quellen lassen (Kochen
  ist nicht notwendig). Die Butter aus dem Kühlschrank nehmen und bis zur weiteren Verwendung bei Zimmertemperatur aufbewahren.
- Den gequellten Grünkernschrot mit Gomasio,
  Senf, Leindotteröl, Zitronensaft und Majoran
  vermischen.
- Die Petersilie waschen, trocken schütteln und
  fein hacken. Die Butter schaumig rühren. Beides mit dem Grünkernschrot vermengen und
  mit Salz und Pfeffer abschmecken.
- Als Brotaufstrich oder Vorspeise, zum Beispiel
  zusammen mit Grissini, Bauernbrot oder Baguette, reichen.

Variante: Der Geschmack des Leindotters
kommt hier sehr gut zur Geltung. Natürlich
können auch andere Öle verwendet werden,
z. B. Leinöl, Walnussöl, mildes Sonnenblumen-
oder Olivenöl.

Tipp: Ob grober oder feiner Grünkernschrot,
hängt vom eigenen Geschmack ab. Gröberen
Schrot eventuell noch eine Stunde länger quellen lassen.

O
b Natur- oder Räuchertofu,
Tempeh natur oder mariniert,
Seitan pur oder weiterverarbeitet – vegetarische Fleischersatzprodukte sind im Bioladen längst angekommen. Tofu
und Fleischersatzprodukte fin-
den als Rohprodukte und in vielen Fertiggerichten
Verwendung. Rohwaren für das „Pflanzenfleisch"
sind hauptsächlich Soja oder Weizen.

Besonders in der asiatischen Küche hat die Gewinnung eiweißreicher Produkte aus Soja und Getreide eine lange Tradition. Im Gegensatz zu tieri-
schen Lebensmitteln enthalten diese pflanzlichen
Produkte kein Cholesterin. Sie lassen sich zu einer
Vielzahl an schmackhaften Gerichten zubereiten.

Während der Fleischverzehr in Deutschland weiter steigt, wächst gleichzeitig die Zahl der Menschen, die bewusst weniger tierische Produkte
essen oder ganz auf Fleisch verzichten.

Wer sich für die vegetarische oder vegane Küche
interessiert, stößt schnell auf Rezepte, in denen
außer Gemüse auch weniger bekannte pflanzliche
Lebensmittel verwendet werden. Diese eiweißreichen Produkte sind mehr als bloßer Fleischersatz:
Soja, Tempeh und Seitan lassen sich vielseitig
zubereiten und bieten neue Ideen für kreatives

Kochen. Mit ihnen lassen sich unter anderem viele
Gerichte der fernöstlichen Küche zubereiten oder
heimische Rezepte neu interpretieren.

Tofu in der Küche

In vielen Teilen Asiens bildet Tofu seit über 2000
Jahren die Hauptgrundlage für die Eiweißversorgung. Ursprünglich von China ausgehend gelangte
die Tofu-Herstellung vermutlich über buddhis-
tische Mönche nach Japan. Über den kulturellen
Austausch mit Ostasien und über amerikanische
Einflüsse kam der Tofu nach Europa, wo er sich
seit Mitte der 1980er Jahre zunehmender Beliebtheit erfreut. Heute finden sich in Japan über
35.000 Tofureien. In Deutschland sind keine ge-
nauen Zahlen bekannt, aber die Landschaft der
Tofureien ist deutlich überschaubarer. Die Herstellung von Tofu ist derjenigen von Käse sehr
ähnlich. Käse entsteht durch die Gerinnung von
Milch, Tofu durch die Gerinnung der sogenannten
Sojamilch. Aufgrund der pflanzlichen Herkunft ist
Tofu als Ersatz für Fleisch und Fisch bekannt und
als hochwertige Eiweißquelle inzwischen auch in
der westlichen Welt fester Bestandteil der vegetarischen und der veganen Küche. Er ist reich an Mineralien, B-Vitaminen und essenziellen Aminosäuren. Tofu passt zu Gemüse, Getreide, Nudeln, Käse
und Obst und lässt sich durchaus auch mit Fleisch

kombinieren. Traditionelle Gerichte und Lieblingsspeisen kann man mit etwas Erfahrung mit dem Alleskönner abwandeln. Besonders wertvoll ist Tofu in Kombination mit Getreide. Das Aminosäurespektrum ergänzt sich ideal und macht das Eiweiß optimal für den Körper verfügbar.

Tipp

Natur-Tofu ist cholesterin- und glutenfrei, leicht verdaulich, fett- und kalorienarm.

Wie wird Tofu hergestellt?

Tofu besteht aus Sojabohnen und Wasser. Die Sojabohnen werden in Wasser eingeweicht, erhitzt, gekocht, püriert und anschließend durchgesiebt. Das Kochen schließt die Bohnen auf und baut Bitterstoffe ab. Der entstehenden Sojamilch wird ein Gerinnungsmittel zugefügt. Traditionell kommen dabei Nigari (Magnesiumchlorid), ein Meersalzkonzentrat, der natürlich vorkommende Gips (Calciumsulfat) oder eine Kombination aus beidem zum Einsatz. Das Sojaeiweiß flockt aus und der Sojaquark entsteht. Es folgt das Pressen, bis die Sojamasse die gewünschte Konsistenz erreicht hat, das Schneiden und Portionieren. Tofu kann mit Geschmackszutaten verarbeitet oder geräuchert werden. Neben Natur-Tofu gibt es auch weiter verarbeitete Varianten, z. B. Tofu-Würstchen, -Bratlinge und -Aufschnitte und mit Kräutern, Gewürzen,

Gemüse, Nüssen oder Algen verfeinerter Tofu, der in Scheiben geschnitten auch gut aufs Butterbrot passt.

Wie wird Tofu aufbewahrt?

Frischer Tofu sollte im Kühlschrank aufbewahrt werden. Übrig gebliebenen Tofu in ein Gefäß mit Deckel geben und mit frischem Wasser auffüllen. Es empfiehlt sich, das Wasser täglich zu wechseln. Tofu lässt sich einfrieren, allerdings verändert sich dabei seine Konsistenz – er wird krümeliger. Mit einer Gabel zerdrückt, eignet sich wieder aufgetauter Tofu für Lasagnefüllungen oder Saucen nach Hackfleisch-Art.

Zubereitungstipps

Natur-Tofu besitzt kaum Eigengeschmack. Seine Neutralität ist jedoch seine besondere Stärke. Daher können all die Gewürze und Zutaten zugefügt werden, die dem Gaumen schmeicheln. Tofu lässt sich braten, frittieren, panieren, marinieren oder pürieren. Vor der Weiterverarbeitung Tofu mit einem Küchenpapier gut trocken tupfen. Tofu kann kräftig gewürzt oder mariniert werden, zum Beispiel für Suppeneinlagen oder als Salatzutat. Dazu den Tofu in Scheiben oder Würfel schneiden und für etwa 30 Minuten in die Marinade legen, gelegentlich wenden. Mit einer Gabel zerdrückt und angebraten ist Tofu ideal für Saucen Bologneser Art, als Brotaufstrich, als Rührei oder für

Gratins. Püriert eignet er sich für Mayonnaisen, Dessertcremes, kleine Pfannkuchen oder Kuchenfüllungen.

Tempeh in der Küche

Tempeh ist ein fermentiertes, vollwertiges Produkt aus Sojabohnen und stammt ursprünglich aus Indonesien, wo er seit Jahrhunderten verwendet wird. Tempeh nahm dort traditionell eine zentrale Rolle in der Ernährung der Bevölkerung ein und ist auch heute noch ein wesentlicher Bestandteil.

Der Fermentation mit einem Edel-Schimmelpilz verdankt Tempeh sein Aussehen, die ernährungsphysiologisch wertvolle Zusammensetzung und sein besonderes Aroma. Tempeh kann auf schmackhafte und verträgliche Weise zur Zufuhr von allen acht essenziellen Aminosäuren beitragen. Die natürliche Fermentation spaltet die Sojafette und Eiweiße auf und sorgt für leichte Verdaubarkeit. Der Vitamingehalt wird ebenfalls durch den Fermentationsprozess weiter gesteigert. Im Gegensatz zu anderen Fleischersatzprodukten enthält Tempeh besonders viel Vitamin B_{12}. Tempeh ist mit etwa 8 g Fett pro 100 g recht kalorienarm, ein- und mehrfach ungesättigten Fettsäuren überwiegen. Tempeh ist ballaststoffreich, enthält kein Cholesterin, dafür sekundäre Pflanzenstof-

fe und Phytoöstrogene (pflanzliche Stoffe mit hormonähnlicher Struktur). Das indonesische Soja-Produkt mit einem Eiweißgehalt von 19,5 % entspricht etwa dem von Hähnchen (21 %) und Rindfleisch (20 %). Eine Kombination mit Getreide steigert die Gesamteiweißqualität der Mahlzeit.

Wie wird Tempeh hergestellt?
Für die Produktion von Tempeh werden Sojabohnen zunächst enthülst, eingeweicht und anschließend gekocht. Die Fermentation bringt anschließend ein Edel-Schimmelpilz (meistens Rhizopus oligosporus) in Gang, der innerhalb von 24 bis 36 Stunden unter Wärme die Bohnen mit einem Myzel zu einer dichten Myzelmatte verbindet. Aussehen und Schnittfestigkeit sind ähnlich wie bei Camembert. Tempeh hat einen milden, nussigen und an Weißschimmelkäse erinnernden Geschmack.

Tipp

Tempeh ist vegan, kalorienarm, ballaststoffreich und cholesterinfrei.

Wie wird Tempeh aufbewahrt?
Frischer Tempeh, roh, blanchiert oder bereits mariniert, sollte im Kühlschrank aufbewahrt werden. Nach dem Öffnen verbleibenden Tempeh in der Verpackung wieder gut verschließen. Roher Tempeh (nicht blanchiert) riecht nach frischen Pilzen

und ist aufgrund des hohen Wassergehaltes leicht verderblich. Bitte innerhalb von einer Woche aufbrauchen. Ungeöffneter, blanchierter Tempeh hält sich gekühlt mehrere Wochen. Tempeh lässt sich ohne Qualitätsverluste einfrieren. Tempeh im Glas ist ohne Kühlung mehrere Monate haltbar.

Zubereitungstipps

Tempeh hat eine weiche, aber bissfeste Konsistenz. Die Vielseitigkeit von diesem Soja-Produkt zeigt sich in den zahlreichen Zubereitungsmöglichkeiten: als Burger- oder Brötchen-Belag, püriert als Basis für Dressings, paniert als knusprige Beilage zu Salaten oder in Suppen, auf Pizzen und in Wraps. Tempeh eignet sich ebenso zum Grillen, für Curry-Gerichte oder in Ragouts. Zum Kennenlernen empfehlen wir, Tempeh anzubraten oder zu frittieren, da hier der Geschmack am besten zur Geltung kommt. Roher Tempeh nimmt beim Braten oder Frittieren etwas mehr Öl auf als blanchierter Tempeh. Bei marinierten Tempeh-Sorten am besten Kräuter oder Gewürze vor dem Braten oder Frittieren entfernen, damit diese nicht verbrennen, anschließend wieder zufügen.

Tipp

Tempeh zuerst kurz kochen, anschließend die Stücke marinieren und auf dem Grill goldbraun braten.

Seitan in der Küche

Seitan ist ein traditionelles Grundnahrungsmittel der asiatischen Küche. Er wurde ursprünglich von chinesischen und japanischen Zen-Buddhisten als Alternative zu Hühner- und Schweinefleisch entwickelt und verwendet. Der eiweißreiche Seitan hat vor einigen Jahren Einzug in die westliche Küche gehalten und gilt hierzulande als Fleischersatz mit faseriger und schnittfester Struktur. Seitan enthält im Wesentlichen das Weizeneiweiß Gluten und belastet den Körper nicht mit Fett, Cholesterin oder vielen Kalorien. Speziell bei Vegetariern und Veganern steht Seitan öfter auf den Speisezettel. Für Menschen mit Glutenunverträglichkeit (Zöliakie) ist er allerdings tabu.

Wie wird Seitan hergestellt?

Seitan ist ausgewaschenes Weizeneiweiß (Gluten) und hat eine fleischähnliche, feste Konsistenz. Für die Herstellung des Seitans wird das Eiweiß aus Weizenvollkornmehl von Kleie und Stärke getrennt. Dafür wird zunächst das Mehl mit Wasser zu einem Teig verknetet. Nach einer Ruhezeit wiederholt sich der Knet-Vorgang unter Auswaschung der Stärke so lange, bis die zähe, glutenreiche Masse übrigbleibt. Anschließend wird der Seitan in einer wässrigen Marinade gekocht oder dampfgegart. Die Marinade besteht traditionell aus Wasser, Sojasauce, Algen und Gewürzen.

Anschließend wird der Seitan in Scheiben oder Stücke geschnitten.

Seitan besteht aus Weizen. Er ist vegan und arm an Kalorien, Fetten und Cholesterin. Seitan enthält Gluten.

Wie wird Seitan aufbewahrt?

Seitan sollte im Kühlschrank aufbewahrt werden. Nach dem Öffnen verbleibenden Seitan in der Verpackung wieder gut verschließen. Ungeöffnet hält sich Seitan gekühlt über Monate. Seitan im Glas ist ohne Kühlung viele Monate haltbar. Übrigens: Seitan lässt sich gut einfrieren.

Zubereitungstipps

Durch den würzigen Geschmack eignet sich Seitan besonders gut für deftige Eintöpfe oder Pfannengerichte. Oft wird er mariniert angeboten zum Panieren, als Schnitzel, Gulasch oder als Hackfleisch-Ersatz. Seitan kann in Scheiben oder Würfeln gedämpft, frittiert, mariniert, gebraten, gedünstet oder im Ofen gebacken werden. Sofern bereits gekocht, kann Seitan auch ohne weitere Erwärmung verwendet werden. Seitan passt zu Getreidemahlzeiten, Gemüse oder Meeresgemüse. Sojasauce, Senf oder Miso runden den Geschmack ab. Der Phantasie sind hier keine Grenzen gesetzt.

Tofu für alle!

Begonnen hat die Geschichte des „Tofu Made in Germany" in einem kleinen Betrieb Mitte der 1980er Jahre in Freiburg. Aus der kleinen Tofurei entwickelte sich ein Unternehmen mit heute über 200 Mitarbeitern. Die vielfältigen Tofu-Sorten sind unter dem Markennamen „Taifun" deutschland- und sogar europaweit im Bio-Fachhandel zu finden.

▲ Bei Taifun werden Sojabohnen bevorzugt aus regionalem Bio-Anbau verarbeitet. Außerdem bestehen enge europäische Anbau-Kooperationen und Fair-Trade-Kleinbauernprojekte in Südamerika, die die hohen Taifun-Qualitätskriterien erfüllen.

Tofu als alternative Eiweißquelle anzubieten, war in den 1980er Jahren relativ neu. Diese Idee griff damals „Life Food"-Begründer Klaus Kempff auf. Er hatte das Sojaprodukt in den USA kennengelernt und verkaufte seine ersten Tofus auf dem Freiburger Wochenmarkt. 1986 lernte er Wolfgang Heck kennen, der von Kempffs Tofu sofort angetan war und sich anbot, mitzumachen. Gemeinsam mit einer Handvoll Tofu-Begeisterter tüftelten, experimentierten und feilten sie an neuen Produkten. 1987 entstand in der damals neu eröffneten Markthalle in Freiburg ein Tofu-Imbiss mit Verkauf unter dem Namen „Taifun". Kempff lieferte den Tofu, Heck verarbeitete ihn zu schmackhaften Mittagsmenüs. Aus der anfänglichen Wochenproduktion von wenigen Kilo wurde im Laufe der Jahre die Menge von über 85 Tonnen. „Taifun-Tofu", so hieß der Tofu Ende der 1980er, als die Firmen „Life Food" und „Taifun" in einer GmbH verschmolzen. Er entwickelte sich zu einer bekannten Marke. Mit Günter Klein trat Anfang der 1990er ein neuer Partner in das aufstrebende Unternehmen ein, Klaus Kempff verließ die Firma wenige Zeit später. 2010 orientierte sich Klein um und

Alfons Graf nimmt seitdem die Rolle des zweiten Geschäftsführers neben Wolfgang Heck wahr.

Nur Öko-Sojabohnen kommen in die Tüte

Tofu ist rein pflanzlich, und bei „Taifun" stammen alle Zutaten aus biologischer, teils biologisch-dynamischer Erzeugung. Die eiweißreiche Sojabohne ist die Hauptzutat des Tofus. Woher die Rohstoffe stammen, das wurde für Taifun in seiner Firmengeschichte aufgrund der zunehmenden und rasanten Verbreitung von genetisch verändertem Soja im konventionellen Anbau und dadurch bedingten möglichen Verunreinigungen immer wichtiger. „Wir bevorzugen, den Bedarf an Sojabohnen aus regionalem Anbau zu decken", sagt Martin Miersch, Sojaexperte und Leiter des Taifun-Sojaanbaus. Und fügt hinzu: „Dafür engagieren wir uns seit vielen Jahren und stehen in ständigem Austausch mit Züchtern, Landwirten und Mühlen, damit wir über Herkunft und Weiterverarbeitung genau informiert sind." Dazu überzeugte Wolfgang Heck Mitte der 1990er Jahre anfänglich acht Bio-Bauern am Oberrhein, für „Taifun" Bio-Soja anzubauen. Mittlerweile bezieht die Firma rund die Hälfte der benötigten Sojabohnen aus der Oberrhein-Region. Den weiteren Bedarf decken europäische Anbauprojekte in Frankreich, Italien und Österreich sowie ein von „Taifun" initiiertes Fair-Trade-Kleinbauernprojekt in Südbrasilien. Der direkte Kontakt mit den Projektpartnern ist wichtig für das Freiburger Unternehmen. Einen Teil der Demeter-Sojabohnen bezieht Taifun derzeit noch von einer Farm in Kanada. Alle Anbauer sind dem Taifun-Team bekannt, und ein dichtes Kontrollsystem vom Saatgut bis zum Endprodukt stellt sicher, dass keine Verunreinigungen mit gentechnisch verändertem Soja stattfinden.

Traditionelle Herstellungsweise

Aus der aus den Sojabohnen gewonnenen eiweißreichen Sojamilch entsteht mit Hilfe eines Gerinnungsmittels, das das Eiweiß ausflocken lässt, und des anschließenden Pressens der Rohtofu. Bei „Taifun" kommen für die Gerinnung sowohl der in China traditionell verwendete hochreine Gips (Calciumsulfat) als auch das für japanischen Tofu typische Gerinnungsmittel Nigari (Magnesiumchlorid) zum Einsatz. Obwohl die Namen an den Chemieunterricht erinnern, sind die Gerinnungsmittel natürlichen Ursprungs. Der Rohtofu kommt entweder als Naturtofu in den Handel oder wird durch weitere Verarbeitungsschritte, wie Räuchern, veredelt.

Tofu – ein Alleskönner

Mariniert, frittiert, gebraten, gebacken, gegrillt, als Salat oder sogar als Nachspeise: Die Zubereitung ist entscheidend für den Geschmack. Um dem deutschen Verbraucher den Tofu vertrauter zu machen, brachte „Taifun" zum Beispiel die Tofu-Wurst auf den Markt. Weitere Fleischklassiker wie Schnitzel oder Burger bereichern in ihrer vegetarischen Variante das Sortiment. Wer sich von der Qualität und Geschmacksvielfalt der über 40 Tofuprodukte sowie dem handwerklichen Geschick einen Eindruck verschaffen will, kann dies vor Ort bei regelmäßigen Betriebsführungen in der Freiburger Tofurei machen. „Taifun hat ein nachvollziehbares Nachhaltigkeitskonzept, das wir gerne jedem Besucher transparent machen", sagt Jesús Bastante, Geschäftsbereichsleiter Kundenbetreuung und Vertrieb.

Zubereitungsideen gibt er gerne weiter: Die Tofu-Terrine „Graffiti" gewürfelt in einen Salat mischen oder angebraten als dekorative Beilage servieren. Oder die Japanischen Bratfilets kurz anbraten und mit Sojasauce abrunden.

▲ Der direkte Kontakt zu den Bio-Soja-Anbauern ist wichtig. Martin Miersch (l.) und Beate Thiessen (2. v. r.) von Taifun besuchen regelmäßig ihre Lieferanten. Armin Brutscher (2. v. l.) und Brutscher sen. (r.) aus Freiburg-Hochdorf gehören zu den langjährigen Partnern.

Tofu-Kräuter-Käse-Nockerln

Super einfach und locker leicht

Schnelles Tofu-Rührei mit Champignons

Zart und richtig lecker

Für 4 Personen als Vorspeise
geht schnell
⏱ 10 Minuten

2 Knoblauchzehen · 300 g Tofu, natur · 1 Ei ·
2 EL Weizenmehl Type 1050 · 2 TL Mirin-Reiswein ·
Salz · Pfeffer · 6 EL frische Kräuter nach Belie-
ben (z. B. Petersilie, Schnittlauch, Dill, Majoran,
Thymian, Rucola, Salbei, Rosmarin) · 60 g würziger
Hartkäse · 1,5 l Gemüsebrühe

- Knoblauch abziehen und grob würfeln. Tofu abwaschen und in große Würfel schneiden.
- Knoblauch, Tofu, Ei, Mehl, Mirin, Salz und Pfeffer fein pürieren.
- Kräuter waschen, trocken schütteln und fein
  hacken. Käse fein reiben. Kräuter und Käse unter die Tofucreme mischen.
- Gemüsebrühe erhitzen. Aus der Tofucreme mit
  einem Teelöffel kleine Nockerln abstechen und
  in der Brühe 10 Minuten kochen.

Tipp: Nach Belieben feine Gemüsestrei-
fen von Karotte, Sellerie oder Lauch
sowie Erbsen einige Minuten in
der Suppe mitkochen. Suppe
mit frischen Kräutern garnieren.

Für 4 Personen als Vorspeise
gelingt leicht
⏱ 30 Minuten

1 Schalotte oder Zwiebel · etwa 8 Champignons ·
200 g Räuchertofu · 2 EL Öl zum Braten · 1 Prise
Curry · 100 g Seidentofu · Salz · Pfeffer · ½ Bund
Schnittlauch

- Schalotte abziehen und fein würfeln, Champignons in dünne Scheiben schneiden.
- Räuchertofu mit den Händen zerkrümeln oder
  in Würfel schneiden und diese mit einer Gabel
  fein zerdrücken. Mit Küchenpapier die vorhan-
  dene Feuchtigkeit abtupfen.
- Öl in einer Pfanne erhitzen und Schalotten und
  Champignons 2 Minuten anbraten. Den zerkrü-
  melten Tofu und Curry zufügen und weiterbraten, bis der Tofu leicht Farbe annimmt.
- In der Zwischenzeit den Seidentofu grob zerteilen. Schnittlauch waschen, trocken schütteln
  und in feine Röllchen schneiden.
- Sobald der Tofu in der Pfanne eine schöne Farbe hat, den Seidentofu zufügen und nur noch
  kurz mitbraten.
- Mit Salz und Pfeffer abschmecken und mit den
  Schnittlauchröllchen garnieren.

Das passt dazu: frische Tomaten

Tipp: Das Verhältnis von festem Tofu zu Seidentofu können Sie nach Belieben variieren. Das
Rührei kann auch nur mit festem Tofu zubereitet werden. Auch Tofu natur schmeckt hier
prima.

Tofu-Kräuter-
Käse-Nockerln

Wrap mit Avocadocreme und mariniertem Tofu

Wrap'n Roll!

- Tofu in dünne Scheiben schneiden. Ingwer schälen, fein würfeln und mit Sojasauce und Mirin mischen. Darin den Tofu 15 Minuten marinieren, gelegentlich wenden.
- In der Zwischenzeit den Salat waschen, trocken schleudern und fein schneiden (klein geschnitten lässt er sich im Wrap leichter essen). Kresse abschneiden bzw. Brunnenkresse oder Radieschensprossen waschen. Avocado halbieren, das Fleisch mit einer Gabel zerdrücken und mit Zitronensaft, Salz und Pfeffer zu einer streichfähigen Paste verrühren.
- Tofu möglichst ohne Flüssigkeit in wenig Öl kross anbraten.
- Alle Zutaten bereitstellen, denn sobald der Wrap aus der Pfanne kommt, muss er schnell gefüllt und gewickelt werden, sonst wird der Fladen hart und brüchig.
- Den Wrap von beiden Seiten mit etwas Wasser anfeuchten. Eine Pfanne ohne Fett erhitzen und den Wrap von jeder Seite etwa ½ Minute backen.
- Den Wrap zügig erst dünn mit Miso, anschließend mit der Avocadopaste bestreichen. Salat, Tofu, Kresse, Brunnenkresse oder Radieschensprossen darauf verteilen, mit Chili bestreuen. Das untere Viertel nach oben klappen und den Wrap zusammenrollen. Eventuell mit einem Zahnstocher fixieren. In dieser Weise einen Wrap nach dem anderen zubereiten.

Tipp: Das Wickeln wird erleichtert, wenn Sie das untere Viertel, das nach oben geklappt wird, nicht mit der Füllung belegen. Weitere Wrap-Ideen: Wrap Mc Flower (siehe S. 72) und saftiger Farmer-Wrap (siehe S. 80).

Für 4 Personen als Vorspeise
gut vorzubereiten
🕑 35 Minuten

200 g Tofu, natur
1 Stück Ingwer, etwa 1 cm
2 EL Sojasauce
2 EL Mirin-Reiswein
1 kleiner grüner Salat oder entsprechende Menge Asia-Salate
1 Schälchen Kresse, Brunnenkresse oder Radieschensprossen
1 Avocado
1 EL Zitronensaft
Salz
Pfeffer
Öl zum Anbraten
4 Wraps (Fertigprodukt)
Miso
Chilipulver

Wrap Mc Flower

Mit Seidentofu und Gewürzblütencreme

Für 4 Personen als Vorspeise
gut vorzubereiten
🕐 20 Minuten

2 Bund Rucola · 1 Bund Radieschen · 125 g Seidentofu · ½ Glas Gewürzblütencreme mit Curry oder exotisch (von LaSelva) · 4 Wraps (Fertigprodukt)

- Rucola waschen, trocken schleudern und fein schneiden. Radieschen waschen, putzen und in Scheiben schneiden.
- Seidentofu und Gewürzblütencreme fein pürieren. Rucola und Radieschen untermischen.
- Einen Wrap von beiden Seiten mit etwas Wasser anfeuchten. Eine Pfanne ohne Fett erhitzen und den Wrap von jeder Seite etwa ½ Minute backen.
- Dann den Wrap zügig mit der Seidentofu-Gewürzblütencreme bestreichen. Das untere Viertel nach oben klappen und den Wrap zusammenrollen. Bei Bedarf mit einem Zahnstocher fixieren. In dieser Weise einen Wrap nach dem anderen zubereiten.

Reisnudelsalat mit kross gebratenen Tofuwürfeln

Gut zum Mitnehmen geeignet

Für 4 Personen
gut vorzubereiten
🕐 30 Minuten

100 g Reisnudeln · 2 Karotten · 3 Stangen Sellerie · ½ Bund frischer Koriander · 200 g Tofu-Terrine Graffiti (von Taifun) · 1 Zitrone · Öl zum Braten · 5 EL Sojasauce · 1 EL Mirin-Reiswein · Pfeffer

- Die Reisnudeln mit kochendem Wasser übergießen. Zugedeckt 3–5 Minuten ziehen lassen. Danach abtropfen lassen und in mundgerechte Stücke schneiden. Beiseitestellen.
- Die Karotten waschen, schälen und in feine Streifen schneiden. Den Stangensellerie waschen und schälen, ebenfalls in dünne Streifen schneiden. Den Koriander waschen, trocken schütteln und fein hacken.
- Den Tofu abwaschen, mit Küchenpapier trocken tupfen und in große Würfel schneiden. Die Zitrone auspressen.
- Öl in einer Pfanne erhitzen und den Tofu von allen Seiten anbraten, bis die Oberfläche schön kross ist. Das dauert ein bisschen. Gelegentlich wenden. Mit 2 Esslöffel Sojasauce und Mirin ablöschen. Den Tofu zu den Reisnudeln geben.
- Die Karotten mit wenig Öl bissfest braten. Den Stangensellerie zugeben und 3 Minuten weiterbraten. 3 Esslöffel Sojasauce und Zitronensaft darübergeben und kurz mitbraten. Gemüse zu den Reisnudeln geben.
- Reisnudeln, Tofu und Gemüse zusammen mit dem Koriander durchmischen. Mit Zitronensaft, Sojasauce und Pfeffer abschmecken.

Variante: Statt Koriander eignet sich Petersilie. Zusätzlich Ingwer mit dem Gemüse mitbraten.

Panierte Tofu-Bratfilets mit Auberginen-Tomaten-Sauce

Rundum gelungen

Für 4 Personen als Hauptspeise
gut vorzubereiten
🕑 30 Minuten + 30 Minuten Kochzeit

1 Aubergine (etwa 400 g) · 650 g Tomaten · 1 große Zwiebel · 3 Knoblauchzehen · 3 EL Olivenöl · 1–2 Zweige Thymian · Salz · Pfeffer · 2 Packungen japanische Bratfilets (z. B. von Taifun) · Mehl · Paniermehl · 1 Ei · Öl zum Braten

- Aubergine und Tomaten waschen. Gemüse und Zwiebel in etwa gleich große Würfel schneiden. Knoblauch klein würfeln.
- Öl erhitzen. Auberginen und Zwiebeln so lange andünsten, bis die Auberginen leicht glasig werden. Gut rühren, damit nichts anbrennt. Tomaten, Knoblauch und Thymianzweig zufügen, mit Salz und Pfeffer würzen und etwa 30 Minuten unter gelegentlichem Rühren köcheln lassen. Ist die Sauce zu dick, etwas Wasser oder Öl zufügen.
- In der Zwischenzeit die Panade vorbereiten. Je einen Teller mit etwas Mehl und Paniermehl bereitstellen, in einem tiefen Teller das Ei verquirlen und mit Salz und Pfeffer würzen.
- Gegen Ende der Kochzeit der Sauce Öl in einer Pfanne erhitzen. Die Bratfilets nacheinander erst in Mehl, Ei und anschließend im Paniermehl wenden und knusprig von beiden Seiten anbraten. Falls Ei übrig bleibt, Paniermehl daruntermischen, mit Salz und Pfeffer würzen und in der Pfanne ausbraten.
- Mit der Auberginensauce servieren.

Das passt dazu: Reis, gekochte Kartoffeln, Couscous oder Bulgur

Tofu-Ragout in Pilz-Sahne-Sauce

Mit Birnen-Walnuss-Note

Für 4 Personen als Hauptspeise
geht schnell
🕑 25 Minuten

500 g Tofu, natur · 3 EL Mehl · 1 große Birne · 1 kleine Zucchini · 250 g braune Champignons · 50 g Walnüsse · 2 EL Olivenöl · ½ TL Rosmarin, getrocknet · ½ TL Chilipulver · 200 g Sahne · Salz · Pfeffer · ½ Bund Petersilie

- Tofu würfeln und in Mehl wälzen. Überschüssiges Mehl vorsichtig abklopfen.
- Die Birne waschen, schälen, entkernen und längs in dünne Spalten schneiden. Die Zucchini waschen und mit Schale in sehr dünne Scheiben schneiden. Champignons abbürsten und vierteln. Walnüsse klein hacken.
- Tofu in heißem Öl von allen Seiten anbraten. Anschließend Birnen-Spalten, Zucchini-Scheiben und gehackte Walnüsse zufügen. Etwa 5 Minuten bei geschlossenem Deckel anschwitzen. Anschließend die Champignon-Scheiben zugeben und mit geschlossenen Deckel etwa 5 Minuten weiter andünsten.
- Rosmarin und Chilipulver zufügen und mit Sahne ablöschen. Nochmals kurz aufkochen lassen und mit Salz und Pfeffer abschmecken.
- Petersilie waschen, trocken schütteln, fein hacken und über das Gericht streuen.

73

Tofu mit Lauch und Salzzitronen

Ein einfaches Gericht mit herrlich frischer Note

Für 4 Personen
schön für Gäste
🕑 30 Minuten

600 g Tofu, natur · 4 EL Sesamöl, nativ · 2 Stangen Lauch · 1 Knoblauchzehe · 2 Schnitze Salzzitrone (siehe S. 184 · 3 EL Sojasauce · 1 TL Salzzitronen-Sirup

- Tofu abwaschen, mit Küchenpapier trocken tupfen und in flache Würfel schneiden.
- Öl in einer Pfanne erhitzen und Tofu anbraten, bis die Oberfläche schön kross ist, das dauert ein bisschen. Gelegentlich wenden.
- In der Zwischenzeit den Lauch der Länge nach halbieren, waschen und in Halbmonde schneiden. Knoblauch abziehen und klein würfeln. Salzzitrone in dünne Scheibchen schneiden.
- Lauch mitbraten, bis er leicht glasig ist. Knoblauch zufügen, kurz mitbraten, am Ende die Salzzitronen untermischen. Mit Sojasauce ablöschen, Flüssigkeit verdampfen lassen und das Gericht servieren.

Das passt dazu: Ein einfacher Reis oder Getreidereis und ein bunter Blattsalat

Tipp: Um die zitronige Note in diesem Gericht auch ohne Salzzitronen zu erreichen, können Sie mit einem Olivenöl mit Zitrone (z. B. von LaSelva, in kleinen Mengen nutzen, da sehr intensiv) und/oder abgeriebener Zitronenschale würzen. Dann eventuell noch nachsalzen.

Tofu-Pflaumen-Küchlein

Fruchtig-süße Verführung

Für 4 Personen als Nachspeise
geht schnell
🕑 20 Minuten

200 g Tofu, natur · 4 EL Weizenmehl · 2 Eier · 4–6 EL Apfelsüße · 1 EL Haselnussmus · 1 Prise Salz · 200 g Pflaumen · Bratöl · Puderzucker zum Bestreuen

- Tofu mit Mehl, Eiern, Apfelsüße, Haselnussmus und Salz fein pürieren.
- Die Pflaumen waschen, halbieren und entsteinen, in Streifen schneiden und unter die Tofucreme mischen.
- Öl in einer Pfanne erhitzen und bei mittlerer Temperatur aus der Tofucreme kleine Küchlein backen. Jede Seite etwa 3–4 Minuten anbraten, vorsichtig wenden.
- Die fertigen Küchlein mit Puderzucker bestreuen und servieren.

Variante: Statt Pflaumen können je nach Saison ebenso Beeren oder in dünne Scheiben geschnittene Äpfel, Birnen oder Bananen verwendet werden.

Fruchtiger Seidentofu-Lassi

Mit Mango-Fruchtsauce

Für 4 Personen
geht schnell
🕐 10 Minuten

250 g Seidentofu · 250 ml Mango-Fruchtsauce
(z. B. von Allos) · 2 EL Kokosraspel oder Kokosmilch · 1 Msp. Vanille · 1 Prise Zimt · 1 Prise Salz ·
ein paar Blättchen Zitronenmelisse · Kaffeegewürz
nach Belieben

- Seidentofu, Fruchtsauce, Kokosraspel, Vanille,
  Zimt und Salz in einen Pürierbecher oder Mixer
  geben. Alles gut aufmixen und auf vier Gläser
  verteilen.
- Nach Geschmack den Lassi mit etwas Kaffeegewürz bestreuen und mit der Zitronenmelisse
  dekorieren.

Tipp: Besonders schön sieht das Getränk aus,
wenn Sie den Glasrand in etwas Zitronensaft
tauchen und anschließend in Kokosraspel oder
ganz exklusiv in Kokosblütenzucker. Lassi vorsichtig einfüllen und mit Zitronenmelisse und
Strohhalm servieren.

Risi e bisi mit Tempeh

Ein Klassiker in vegetarischer Variante

Für 4 Personen als Hauptspeise
gut vorzubereiten
🕐 30 Minuten + 45 Minuten Kochzeit für den Reis

250 g (2 Tassen) Langkornreis, natur ·
750 ml (5 Tassen) Wasser · 1 kleine Zwiebel ·
100 g Tempeh, natur · 3 EL Butter · 3 EL Olivenöl ·
400 g Erbsen, frisch oder tiefgekühlt · Salz ·
Pfeffer · 100 g Parmesan oder Pecorino · ½ Bund
Petersilie

- Reis waschen, mit Wasser zum Kochen bringen und etwa 45 Minuten bei geschlossenem
  Deckel auf kleiner Hitze kochen. Herdplatte
  ausschalten und einige Minuten nachquellen
  lassen. Mit der Gabel auflockern. Oder Reis vom
  Vortag verwenden.
- Die Zwiebel abziehen und fein würfeln, Tempeh
  in kleinere Würfel schneiden.
- Butter und Olivenöl in einer Pfanne erhitzen.
  Zwiebeln und Tempeh darin anbraten. Der Tempeh darf leicht kross werden. Erbsen zufügen
  und 5 Minuten mitbraten. Mit Salz und Pfeffer
  gut würzen. Reis zufügen und erwärmen. Nach
  Bedarf noch etwas Butter und Olivenöl untermischen.
- Käse fein reiben. Petersilie waschen, trocken
  schütteln und fein hacken. Käse und Petersilie
  am Ende unter den Erbsenreis mischen, abschmecken und servieren.

Das passt dazu: Ein bunter und knackiger Salat
der Saison, ein Tomatensalat oder ein saftiger
Salat aus geriebenen Karotten

UNSER REZEPT

Exotische Tempeh-Spieße mit Erdnuss-Kokos-Sauce

Für die Pfanne oder zum Grillen

Für 4 Personen als Beilage

gelingt leicht

🕐 20 Minuten +
60 Minuten Marinierzeit

400 g Tempeh, natur
1 Saftorange
1 frische rote Chilischote
½ Bund Schnittlauch
4 EL Sojasauce
1 EL Honig
4 EL Limettensaft
(z. B. von Voelkel)
200 g Ananas-Würfel
(z. B. von Morgenland)
100 g geröstete Erdnüsse
(z. B. von Eisblümerl)
200 ml Kokosmilch
(z. B. von Terrasana)
1 TL Mehl
Salz
Pfeffer
3–4 EL natives Kokosöl
(z. B. von Bio Planète)

- Tempeh in mundgerechte Würfel schneiden. Die Saftorange waschen, halbieren und den Saft auspressen. Die Chilischote waschen, der Länge nach halbieren, entkernen und in dünne Streifen schneiden. Den Schnittlauch waschen, trocken schütteln und in feine Röllchen schneiden.

- Aus Sojasauce, Honig, Chili, Limetten- und Orangensaft eine Marinade rühren, bis sich der Honig auflöst. Die Tempeh- und die Ananas-Würfel etwa 60 Minuten darin marinieren.

- Zwischenzeitlich die Erdnüsse fein hacken. Die Tempeh- und die Ananas-Würfel aus der Marinade herausnehmen. 2 Esslöffel Kokosmilch mit dem Mehl gut glatt rühren.

- Die Marinade erhitzen und kurz aufkochen lassen. Gehackte Erdnüsse, die restliche Kokosmilch und die Mehl-Kokosmilch-Mischung einrühren. Bei kleiner Hitze etwa 5–7 Minuten köcheln lassen. Dann mit Salz und Pfeffer abschmecken.

- Die marinierte Tempeh- und Ananaswürfel abwechselnd auf Spieße stecken und in heißem Kokosöl von allen Seiten etwa 4–5 Minuten pro Seite anbraten. Mit der Erdnuss-Kokos-Sauce servieren und mit Schnittlauchröllchen garnieren.

Tipp: Die Spieße lassen sich auch gut zum Grillen vorbereiten.

Tempeh Stroganoff Art

Veganes Tempeh-Ragout

Tempeh-Gemüse-Curry

Ein herbstlicher Genuss

Für 4 Personen als Hauptspeise
gelingt leicht
🕐 30 Minuten

Für 4 Personen als Beilage
gut vorzubereiten
🕐 60 Minuten

2 kleine Rote Bete · 400 g Tempeh, natur · 2 Knoblauchzehen · 2 EL Sojasauce · 2 kleine Zwiebeln ·
150 g Champignons · 8–10 kleine Gewürzgurken · ½ Bund frischer Koriander · 4 EL Olivenöl · 1 EL Senf · 1 TL Paprikapulver, edelsüß ·
1 Msp. Estragon · ½ EL Mehl · 2 EL Weinessig (z. B.
Condimento Rosso von Byodo) · 500 ml Sojamilch
(z. B. von Hofgut Storzeln) · Salz · Pfeffer · Bratöl ·
200 ml Sojasahne (z. B. von Natumi)

200 g Tempeh, natur · 1 große Zwiebel ·
300 g Kürbis · 2 Zucchini · 1 rote Paprikaschote ·
6 EL Bratöl · 4 TL Indische Currypaste (z. B. von
Sanchon) · 2 TL Mehl · 300 ml Wasser · 4 frische
Datteln · Salz · Pfeffer · 4 EL Zitronensaft

- Rote Bete mit der Schale bei geschlossenem
  Deckel bei mittlerer Hitze weich kochen.
- Tempeh in mittelgroße Würfel schneiden. Knoblauch abziehen und fein würfeln. Tempeh mit
  Knoblauch und Sojasauce marinieren.
- Zwiebeln abziehen und würfeln. Champignons
  bei Bedarf abbürsten, entstielen und in dünne
  Scheiben schneiden. Gewürzgurken fein wür-
  feln. Gekochte Rote Bete schälen und ebenfalls fein würfeln. Koriander waschen, trocken
  schütteln und fein hacken.
- Zwiebeln in Olivenöl bei mittlerer Hitze leicht
  glasig andünsten. Champignons, Gewürzgurken
  und Rote Bete zufügen und mit anschwitzen.
  Senf, Paprikapulver und Estragon zugeben und
  verrühren. Mit Mehl bestäuben.
- Mit Essig ablöschen. Sojamilch auffüllen. Mit
  Salz und Pfeffer abschmecken. Köcheln lassen.
- In der Zwischenzeit Tempeh aus der Marinade herausnehmen, abtropfen lassen und in Öl
  anbraten. Mit der Sauce aufgießen, aber nicht
  mehr kochen lassen. Zum Schluss Sojasahne
  einrühren und mit Koriander garnieren.

- Tempeh zerkrümeln. Zwiebel abziehen und
  klein würfeln. Kürbis waschen, schälen und in
  kleine Würfel schneiden, Zucchini und Paprikaschote waschen und ebenfalls klein würfeln.
- Öl in einer Pfanne erhitzen. Zwiebeln und
  Tempeh anbraten, bis die Zwiebeln glasig sind.
  Kürbis, Zucchini, Paprikaschote und Currypaste
  zufügen, mit Mehl bestäuben und Wasser angießen. 15 Minuten köcheln lassen.
- Datteln entsteinen und in Scheiben schneiden.
- Tempeh-Kürbis-Curry mit Salz und Pfeffer abschmecken. Herd ausschalten, Zitronensaft und
  Datteln untermischen und 2–3 Minuten durch-
  ziehen lassen.

Das passt dazu: Perl-Getreide, Kartoffeln, Reis,
Couscous oder Bulgur

Gefüllte Tomate mit Seitan

Mit Kapern und Mayonnaise

Für 4 Personen als Vorspeise
geht schnell
⊗ 20 Minuten

400 g flache Tomaten · 100 g Seitan (z. B. von
Tofutown oder Viana) · Öl zum Braten · 3 EL Kapern
in Öl (z. B. von Mani Bläuel) · 2 EL Mayonnaise
(z. B. von De Rit) oder Joghurt, natur · 1 TL Minze,
getrocknet · Salz · Pfeffer · ½ Bund Schnittlauch

– Tomaten waschen und die oberen Viertel ab-
  schneiden. Die Tomatendeckel in kleine Würfel
  schneiden, die Stielansätze dabei entfernen. Die
  Tomatenunterteile aushöhlen und das Innere
  durch ein Sieb streichen. Die Flüssigkeit für die
  weitere Verwendung auffangen.
– Seitan klein würfeln und in wenig Öl kross an-
  braten. Seitan in eine Schüssel geben.
– Den aufgefangenen Tomatensaft ohne weitere
  Fettzugabe in derselben Pfanne auf eine sämige
  Konsistenz reduzieren lassen.
– Seitan mit Tomatenwürfelchen, Tomatenpaste,
  Kapern, Mayonnaise und Minze mischen. Mit
  Salz und Pfeffer würzen.
– Die Seitanmischung in die ausgehöhlten To-
  maten füllen. Schnittlauch waschen, trocken
  schütteln und in Röllchen schneiden. Tomaten
  damit garnieren.

*Gefüllte
Seitan-Tomaten*

Knackiger Feldsalat mit Seitan-Würfeln

Ein herrlicher Wintersalat

Für 4 Personen als Beilage
gelingt leicht
⏱ 25 Minuten

200 g Feldsalat · 2 EL Aceto balsamico · 6 EL mildes Sonnenblumenöl · Salz · Pfeffer · 2 EL Walnusskerne · 200 g Seitan (z. B. von Wheaty, Viana oder Nagel Tofu) · Bratöl

- Feldsalat verlesen, waschen und trocken schleudern.
- Essig, Öl, Salz und Pfeffer verquirlen und unter den Salat mischen.
- In einer Pfanne die Walnusskerne ohne Öl rösten. Etwas abkühlen lassen und mit dem Salat vermischen. Salat abschmecken und auf Tellern anrichten.
- Seitan in dünne Scheiben schneiden, in heißem Öl kross anbraten und auf dem Salat verteilen.

Saftiger Farmer-Wrap

Mit Farmersalat und Seitan

Für 4 Personen als Vorspeise
gut vorzubereiten
⏱ 20 Minuten

200 g Seitan · Öl zum Braten · 4 Wraps (Fertigprodukt) · 200 g Farmersalat (z. B. von Popp Feinkost)

- Seitan in dünne Streifen schneiden und in heißem Öl knusprig braten.
- Wrap von beiden Seiten mit etwas Wasser anfeuchten. Eine Pfanne ohne Fett erhitzen und Wrap von jeder Seite etwa ½ Minute backen.
- Wrap zügig mit dem Farmersalat bestreichen und mit den Seitanstreifen belegen. Das untere Viertel nach oben klappen und den Wrap zusammenrollen, eventuell mit einem Zahnstocher fixieren. In dieser Weise ein Wrap nach dem anderen zubereiten.

Variante: Statt Seitan können Sie auch Tempehstreifen, kross angebraten und mit etwas Sojasauce abgelöscht, verwenden.

Mediterrane Lasagne mit Seitan-Füllung

Ein Klassiker mal anders

Panierte Seitan-Nuggets

Party-Genuss auch für Kinder

Für 4 Personen als Hauptspeise
gut vorzubereiten
🕐 15 Minuten + 30–35 Minuten Backzeit

200 g Seitan · 4 große Tomaten · 2 kleine Karotten · 1 große rote Zwiebel · 1 Knoblauchzehe · 3 EL Olivenöl · 1 TL Oregano, gerebelt · ½ TL Muskat · 400 ml Gemüsebrühe · Salz · Pfeffer · 1 EL Ghee · 250 g Lasagneblätter, ohne Vorkochen (z. B. von Byodo) · 100 g Parmesan · 150 g Mozzarella · ½ Bund Basilikum

- Seitan fein hacken. Tomaten mit kochendem Wasser überbrühen und abziehen, anschließend fein würfeln.
- Karotten waschen, schälen und fein würfeln. Zwiebel und Knoblauch abziehen und fein würfeln. Zusammen in Öl leicht anbraten.
- Zwischenzeitlich den Backofen auf 220 °C (Umluft: 200 °C) vorheizen.
- Gehackten Seitan, Gewürze und Tomatenwürfel zufügen, etwa 5 Minuten mitbraten. Mit Gemüsebrühe ablöschen und etwa 10 Minuten köcheln lassen. Anschließend mit Salz und Pfeffer würzen.
- Eine feuerfeste Auflaufform mit Ghee einfetten. Abwechselnd ungekochte Lasagneblätter und Sauce schichten. Jeweils die Sauce-Schicht mit geriebenem Parmesan bestreuen.
- Mozzarella in Scheiben schneiden. Auf der letzten Schicht Lasagneblätter etwas Sauce und zum Abschluss Mozzarella-Scheiben verteilen.
- Die Lasagne auf der mittleren Schiene etwa 30–35 Minuten überbacken, bis der Mozzarella geschmolzen ist und eine schöne Kruste hat.
- Kurz abkühlen lassen und mit gehacktem Basilikum bestreut servieren.

Für 4 Personen als Beilage
gelingt leicht
🕐 20 Minuten

400 g Seitan · 2 EL Balsamico-Senf (z. B. von Naturata) · 200 g Dinkelmehl · 2 Eier · Salz · Pfeffer · 50 g Parmesan · 200 g Paniermehl (z. B. von naturkorn mühle Werz) · Bratöl

- Seitan in mundgerechte Stücke schneiden und mit Senf vermischen. Anschließend in Mehl wälzen. Überschüssiges Mehl vorsichtig abklopfen.
- Die Eier verquirlen, Salz und Pfeffer nach Belieben dazugeben und die bemehlten Seitan-Stücke durch die Eimasse ziehen.
- Parmesan fein reiben und mit dem Paniermehl vermischen. Dann die Nuggets panieren.
- Die panierten Nuggets in heißem Öl von jeder Seite etwa 2–4 Minuten anbraten, bis sie goldbraun sind.

D ie Kartoffel gehört zu den Pflanzen, die die Welt veränderten. Als die Knolle aus der Neuen Welt nach Europa kam, ahnten die wenigsten, dass sie unsere Ernährungsgewohnheiten revolutionieren sollte. In Südamerika ist sie schon seit Jahrtausenden eine Kulturpflanze der Ureinwohner.

Neben Weizen, Reis und Mais ist die Kartoffel mittlerweile das viertwichtigste Grundnahrungsmittel der Menschheit. Zum Einsatz als Lebensmittel kommen heute etwa 60 % der Kartoffelernte. Die Hälfte davon als Rohware, die andere Hälfte verarbeitet zu Pommes, Chips, Knödeln usw. Die verbleibenden 40 % der Kartoffelernte werden industriell genutzt und zu Alkohol, Stärke und Non-Food-Produkten (wie Tragetüten) verarbeitet.

Doch warum sind im Handel nur wenige Sorten als Rohware zu finden? Der Kartoffelanbau orientiert sich stärker an den Vorgaben des Handels und der Industrie, als am Geschmack und der Vielfalt: einheitlich in Form, Größe und Farbe sowie gut lagerfähig – all das ist im großen Stil nur mit wenigen Sorten zu erreichen. Guter Geschmack kommt an zweiter Stelle. Die große Kartoffelvielfalt von allein in Europa 2000 bekannten Sorten bleibt auf der Strecke. Weltweit gibt es mehre-re Tausend Kartoffelsorten. In den letzten Jahren wurden fernab der Massenproduktion einiger weniger Sorten viele alte Sorten wiederentdeckt. Bio-Erzeuger sind buchstäblich auf die Kartoffel gekommen und bauen wieder alte Sorten an. Durch züchterische Arbeit verschiedener Bio-Bauern und Züchter entstehen aber auch neue Sorten, die Eigenschaften alter Sorten mit heutigen Ansprüchen kombinieren.

Kartoffel-Vielfalt

Kartoffeln werden gedämpft, gekocht, gegart, gebraten, frittiert. Mit wenig Aufwand und in kurzer Zeit können wunderbare Gerichte entstehen. Und das nicht nur als sättigende Beilage, sondern auch als Eintöpfe, Suppen, Salate, Aufläufe, Kuchen und vieles mehr. In der Küche hat kaum ein anderes Nahrungsmittel das Potenzial für so vielfältige Zubereitungsmöglichkeiten wie die Kartoffel.

Kartoffeln sind nicht nur in der Zubereitung vielfältig – im Bioladen findet sich eine reiche Sortenauswahl mit einer großen Vielfalt von Aromen. Das Spektrum reicht von aromatisch-würzig über herzhaft-cremig und lieblich bis hin zu buttrig und speckig. Für jeden Geschmack ist etwas dabei. Gesundheitlich gesehen liefern Kartoffeln viele Mineralstoffe, Vitamine, Ballaststoffe und Kohlenhyd-

rate. Auch für das Auge ist was dabei – rotschalige, gelbfleischige, weiße, pinkfarbene oder blaue Kartoffeln. Ein Gaumen- und Augenschmaus.

Festkochend oder mehligkochend?

Je nach Verarbeitungs- oder Kochwunsch eignet sich manche Kartoffelsorte besser oder schlechter. Allgemein ergibt sich die Kocheigenschaft von Kartoffeln aus dem Stärke- und Eiweißgehalt. Die Einteilung der Kocheigenschaften ist als Richtschnur zu verstehen, dazwischen existieren feine Nuancen.

Festkochende Sorten (z. B. die lustig gebogenen Bamberger Hörnchen oder der Klassiker Linda) haben einen niedrigen Stärkegehalt. Sie eignen sich hervorragend für Salate, Pell- und Bratkartoffeln. Beim Kochen behalten sie ihre Form und springen nicht auf.

Vorwiegend festkochende Sorten (z. B. Bintje, Desiree oder Augsburger Gold) sind mittelfest, leicht mehlig und springen beim Kochen ein wenig auf. Empfehlenswert sind sie für Salzkartoffeln, Aufläufe und Gratins.

WISSEN

Augen auf beim Kartoffelkauf!

Gerade im Frühjahr haben die gelagerten Bio-Spätkartoffeln aus dem Vorjahr durch neue Bio-Frühkartoffeln aus Ägypten und Israel Konkurrenz erhalten. Von einigen deutschen Bio-Kartoffelbauern hörte man in den vergangenen Jahren, dass sie ihre einwandfreie Lagerware als Viehfutter einsetzen oder an Biogas-Betreiber verkauften mussten oder dass sie die Knollen wieder unterpflügten. Der Grund war, dass vornehmlich Discounter auf die ausländischen Bio-Frühkartoffeln setzten, weil sie schöner aussehen und die Kunden das so haben möchten. In Ägypten und Israel werden die Bio-Kartoffeln in der Wüste oft mit sehr viel Wasser aus dem sich kaum erneuernden Grundwasservorkommen beregnet. Dazu kommt der lange Transport. In puncto Klimabilanz und Wasserverbrauch schneiden heimische Kartoffeln deutlich besser ab. Auf regionale Ware zu warten lohnt sich also doppelt.

Mehligkochende Sorten (z.B. Ackersegen oder Adretta) sind durch den höheren Stärkegehalt grobkörniger und platzen beim Kochen auf. Sie eignen sich für Eintöpfe, Breie, Klöße oder Knödel, Gnocchi, Reibekuchen und Suppen.

Wann wird geerntet?
Je nach Sorteneigenschaften und Pflanzzeitpunkt sind im Handel Frühkartoffeln, mittelfrühe Kartoffeln und Spätkartoffeln zu finden. Ein Blick auf das Etikett gibt Sorte, Kocheigenschaft und Herkunft preis.

Frühkartoffeln, auch als Neue Kartoffeln bekannt, sind aus deutscher Ernte von Ende Juni/Anfang Juli bis Anfang August erhältlich.

Die mittelfrühen Kartoffeln sind von August bis September in der Erntezeit. Unter optimalen Voraussetzungen können sie etwa 8 Monate gelagert werden.

Spätkartoffeln sind von Mitte September bis November und darüber hinaus im Handel, da sie bis zur neuen Ernte im nächsten Jahr sehr gut lagerfähig sind.

Wie werden Kartoffeln gelagert?
Kartoffeln lassen sich am besten in Papiersäcken oder in flachen Kisten lagern, bitte dunkel, luftig und kühl aufbewahren. Wenn keine Möglichkeit zum Einkellern besteht, kaufen Sie Kartoffeln besser nach Bedarf. Denn schon ein paar Tage in der warmen, hellen Küche reichen aus, dass Kartoffeln Fremdgerüche annehmen, schrumpeln oder grün werden. Die grünen Stellen sollten Sie immer großzügig entfernen. Sie enthalten das unbekömmliche bzw. giftige Solanin. Solanin wird beim Kochen nicht zerstört und kann Bauchschmerzen, Übelkeit und Durchfall verursachen.

Zubereitungstipps

Im Vergleich zu Pellkartoffeln schwemmen beim Kochen von Salzkartoffeln mehr Vitamine und Mineralstoffe aus. Um die wertvollen Inhaltsstoffe zu schützen, schneiden Sie die Kartoffeln erst kurz vor dem Kochen klein und vermeiden Sie unbedingt ein längeres Bad im Wasser.

Bei der Zubereitung von Kartoffelbrei sollte der Pürierstab oder Mixer in der Schublade bleiben, sonst erhält man Kartoffel-Kleister. Diese Gerätschaften setzen mehr Stärke frei und der Brei wird dadurch zäh. Für selbst gemachten Kartoffelbrei einen Kartoffelstampfer oder die Kartoffelpresse verwenden.

Mit Herz und Verstand – über 150 alte Kartoffel-Sorten

Bei Petra und Karsten Ellenberg in Barum, einem Dörfchen in der Lüneburger Heide, dreht sich alles um die Kartoffel. Insbesondere alte Sorten und die damit verbundene Sortenvielfalt sind dem Paar eine Herzensangelegenheit. Eine Handvoll Knollen brachte 1997 die Erfolgsgeschichte von Ellenberg's Kartoffelvielfalt ins Rollen.

Tolle Knollen wiederbelebt

„Wir wollen der Kartoffel wieder zu etwas Besonderem verhelfen", sagt der ausgebildete Landwirt Karsten Ellenberg, der schon als Kind im elterlichen Betrieb den Kartoffelanbau kennenlernte und damals im Garten selbst seine ersten Knollen anpflanzte.

Nachdem Karsten Ellenberg 1984 den damals konventionell geführten Heidebauernhof von seinem Vater übernommen hatte, entschied er sich, die Tierhaltung aufzugeben. 1990 stellte er auf Biolandbau um, mit Schwerpunkt Ackerbau. „Als konventioneller Mischbetrieb hatte man keine langfristige Perspektive mehr. Ich wollte auf jeden Fall ökologisch wirtschaften, ohne die in meiner Ausbildungszeit angepriesenen und angeblich unbedenklichen Pflanzenschutzmittel und ohne Kunstdünger", erinnert er sich und Petra Ellenberg fügt hinzu: „Wir leben mit der Natur, sie ist nahezu perfekt und wunderschön. Wir müssen sie nur richtig zu nutzen wissen." Die Kartoffel stammt bekannterweise aus Südamerika. Auch heute sind dort noch mehr als 10 000 verschiedene Sorten bekannt, mit unterschiedlichem Farben-

spiel von Fruchtfleisch und Schale sowie einer Mannigfaltigkeit an Formen und Geschmack. Diese Vielfalt schränkte die moderne Kartoffelzucht immer stärker ein, da sich für die Agrarindustrie insbesondere Sorten mit hohem Ertrag sowie guten Lager- und Transportfähigkeiten rechnen. Diesem Trend zur Einheitskartoffel wirken die Ellenbergs mit heute insgesamt über 150 alten Sorten auf ihrem Bioland-Hof entgegen und überraschen jedes Jahr mit neuen Kartoffelsorten.

Vielfältige Geschmackserlebnisse

Mitte der 1990er Jahre besann sich Karsten Ellenberg auf das, was in der Lüneburger Heide Tradition hat: die Kartoffel. Er begann, zunehmend unterschiedliche Kartoffeln anzubauen und sogar neue Kartoffelsorten zu züchten. Er kreuzte alte Kartoffelsorten mit Wildkartoffelarten und neuen Sorten. Das Ziel: Eigenschaften der modernen ertragreichen Kartoffelsorten mit den alten robusten zu vereinigen. „Uns fasziniert die Vielfalt an Kartoffelformen und -farben sowie die unterschiedlichen Geschmacksrichtungen, die von mild über würzig, erdig

Karsten Ellenberg
ist stolz auf seine
Kartoffelvielfalt.
Was mit einer Hand-
voll Knollen anfing,
entwickelte sich zu
einer Leidenschaft
mit mittlerweile über
150 Sorten.

bis hin zu buttrig gehen. Die wenigen, im Handel erhältlichen Sorten schmecken dagegen relativ gleich", weiß Karsten Ellenberg und fügt schmunzelnd hinzu: „Jede neue Sorte muss allerdings erst mal den Kochtopf-Test meiner Frau erfolgreich passieren."

Wie entsteht eine neue Kartoffelsorte?

Nach alter bäuerlicher Kartoffel-zucht-Tradition wird während der Blütezeit von Hand zum Beispiel mit einem Pinsel gekreuzt, das heißt die Pollen der einen Sorte auf die Blüten einer anderen Sorte übertragen. In der Natur geschieht das mit Hilfe von Bienen oder durch Wind. Aus der Blüte entstehen Beeren, die wiederum zu Sämlingen mit einer neuen Mischung an Erbmerkmalen heranwachsen. Im Folgejahr selektiert der Züchter die Pflanzen seinen Züchtungszielen entsprechend und wählt die besten in Wuchs, Form, Farbe oder Geschmack aus. Die neu entstehenden Kartoffelsorten – ein Prozess, der Jahre dauern kann – lagern als Pflänzchen in einem Kühlraum. Sie werden nach Bedarf

vermehrt und ausgepflanzt. So züchtete Karsten Ellenberg 2000 die Sorte „Emma", deren würzig-cremiger Geschmack in Salaten oder für Salz- und Pellkartoffeln gut geeignet ist. 2004 folgten weitere Hofsorten: die rotscha-lige und -fleischige „Rote Emmalie" und „Violetta", die wie der Name schon sagt, violett in Schale und Fruchtfleisch ist und einen kräftigen Geschmack hat. Eine der Lieblingssorten von Petra und Karsten Ellenberg ist die „Angeliter Tannenzap-fen", eine in der Konsistenz fein cremige Salatkartoffel. Ellenbergs ergänzen die Hofsorten im angeschlossenen Bioladen durch Sorten anderer Züchter. Darunter die „Mayan Twilight", die aufgrund ihres Geschmacks auch als „Marzipankartof-fel" bezeichnet wird, „La Bonnotte" oder „Linda", eine der vielleicht bekanntesten Sorten. Über den Onlineshop kommen auch „Bamberger Hörnchen", „Blauer Schwede" oder alte Inkakartoffeln ins Haus. Durchschnittlich verlassen täglich mittlerweile bis zu 50 Bestellungen den Hof. Das schafft weitere Arbeit für die inzwischen zehn Mitarbeiter. „Vielfalt macht Arbeit", sagt Karsten Ellenberg, und fügt hinzu: „Vielfalt schafft aber auch Arbeit."

Schaumige Kartoffel-Pilz-Suppe

Mit gerösteten Mandelstiften

Für 4 Personen als Vorspeise
gelingt leicht
🕐 35 Minuten

1 TL getrocknete Steinpilze · 400 g mehligkochende Kartoffeln (z. B. Ackersegen oder Adretta) · 2 Schalotten · 2 EL Ghee · 1 kleine, frische Chilischote, Menge nach Belieben · 100 ml Weißburgunder · 750 ml Hühnerbrühe · ½ TL Majoran · 1 EL Mandelstifte · 100 ml Sahne · Orangenabrieb, Menge nach Belieben · Salz · Pfeffer · 1 Schale Kresse

- Pilze in etwas Wasser einweichen.
- Kartoffeln schälen, waschen und in grobe Würfel schneiden. Schalotten schälen und fein würfeln. Gemeinsam in heißem Ghee etwa 5 Minuten anbraten.
- Zwischenzeitlich die Chilischote waschen, der Länge nach halbieren und ohne Kerne klein hacken.
- Die Pilze einschließlich Einweichwasser und Chili zufügen und kurz mitziehen lassen. Mit Wein ablöschen und 5 Minuten einkochen.
- Brühe und Majoran zugeben und 15 Minuten bei geschlossenem Deckel auf mittlerer Hitze kochen.
- In der Zwischenzeit die Mandelstifte ohne Fett anrösten. Die Sahne halbsteif aufschlagen.
- Die Suppe pürieren, die Sahne zufügen und erneut mit dem Pürierstab kurz aufschäumen.
- Den Orangenabrieb einstreuen und mit Salz und Pfeffer abschmecken. Mit Kresse und Mandelstiften anrichten und gleich servieren.

Bunter Kartoffelsalat mit Orangen-Minze-Vinaigrette

Für Gaumen und Auge

Für 4 Personen als Beilage
gut vorzubereiten
🕐 30 Minuten + 60 Minuten ziehen lassen

250 g festkochende gelbfleischige Kartoffeln (z. B. Linda) · 250 g gelbfleischige Kartoffeln (z. B. Heideniere) · 250 g blaufleischige Kartoffeln (z. B. Blauer Schwede) · 250 g rotfleischige Kartoffeln (z. B. Rose Tannenzapfen) · 2 Zwiebeln · ½ Bund frische Minze · 2 Saftorangen · 4 EL Rapsöl · 1 EL Frucht-Balsamico (z. B. Granatapfel-Balsamico von Byodo oder Himbeer-Apfelbalsamico-Essig von Sonnentor) · 200 ml Gemüsebrühe Salz · Pfeffer · ½ Bund Schnittlauch

- Kartoffeln waschen und mit der Schale in wenig Wasser in 20–25 Minuten weich kochen.
- In der Zwischenzeit die Zwiebeln abziehen und fein würfeln. Minze waschen, trocken schütteln und fein hacken. Saftorangen halbieren und den Saft durch ein Sieb ausdrücken. Rapsöl, Frucht-Balsamico und Minze zugeben, alles gut verrühren. Brühe zugeben und vermengen. Mit Salz und Pfeffer abschmecken.
- Die Kartoffeln abgießen, warm pellen und in Scheiben schneiden. Vinaigrette über die noch warmen Kartoffelscheiben gießen und vorsichtig verrühren. Den bunten Kartoffelsalat mindestens 60 Minuten ziehen lassen.
- In der Zwischenzeit den Schnittlauch waschen, trocken schütteln und in feine Röllchen hacken. Vor dem Servieren den Kartoffelsalat durchmischen und bei Bedarf mit Salz und Pfeffer abschmecken. Mit Schnittlauchröllchen garnieren.

Tipp: Etwas gebratener kleingewürfelter Speck passt gut dazu.

Gefüllte Ei-Kresse-Kartoffeln

Schmecken nach Frühling

Für 4 Personen als Beilage
schön für Gäste
🕐 35 Minuten

600 g festkochende Kartoffeln (z. B. Linda, Nagler-ner Kipfler, Sieglinde) · 2 Eier · 1 Frühlingszwiebel · 60 g Hartkäse · 1 TL Akazien-Honig · 1 TL mittel-scharfer Senf · 1 Schale Kresse · Salz · Pfeffer · 2 EL Olivenöl · 1 Bund Schnittlauch

- Die Kartoffeln waschen und mit der Schale in wenig Salzwasser in etwa 20–25 Minuten weich kochen.
- Parallel die Eier in 8–10 Minuten hart kochen.
- Die Frühlingszwiebel waschen und in dünne Ringe schneiden, den Käse grob reiben.
- Die Kartoffeln abgießen und kurz auskühlen lassen, pellen und längs halbieren. Die Kartof-felhälften mit einem scharfkantigem Teelöffel vorsichtig aushöhlen. Die Kartoffelmasse für die Füllung aufheben.
- Die Eier abschrecken, schälen und klein wür-feln.
- Frühlingszwiebel, Käse, Honig, Senf und ge-schnittene Kresse mit den Ei-Würfeln und der Kartoffelmasse vermengen und mit Salz und Pfeffer gut abschmecken.
- Den Backofen auf 220 °C (Umluft: 200 °C) vor-heizen. Ein Backblech mit Öl bepinseln.
- Die Masse in die ausgehöhlten Kartoffelhälften füllen und auf das Backblech setzen.
- Im vorgeheizten Ofen die Kartoffeln auf der mittleren Schiene etwa 7 Minuten gratinieren.
- In der Zwischenzeit den Schnittlauch wa-schen, trocken schütteln und in feinen Röllchen schneiden. Die gratinierten Kartoffeln mit den Schnittlauchröllchen anrichten und am besten gleich servieren.

Kartoffeln in Folie mit Tahinsauce

Überraschend in Farbe und Geschmack

Für 4 Personen als Beilage
gut vorzubereiten
🕐 10 Minuten + 50 Minuten Backzeit

800 g vorwiegend festkochende Kartoffeln (z. B. Rote Emmalie, Augsburger Gold oder Bintje) · 2–3 EL Butter · Salz · 1 Knoblauchzehe · 50 g Hart-käse · 4 EL Tahin (z. B. von lima) · 4 EL Limetten-saft · 1 EL Olivenöl · ½ TL Wildkräutermischung, getrocknet (z. B. von Heuschrecke) · 300 g Joghurt, natur · Salz · ¼ Bund frischer Koriander

- Den Backofen auf 220 °C (Umluft: 200 °C) vor-heizen.
- Die Kartoffeln waschen und abtrocknen. Jede Kartoffel ungeschält mit etwas Butter und Salz in Alufolie wickeln. Die Folienkartoffeln auf der mittleren Schiene 50 Minuten backen.
- In der Zwischenzeit den Knoblauch abziehen und fein würfeln. Den Hartkäse fein reiben. Tahin mit Limettensaft, Olivenöl und der Kräu-termischung vermengen. Joghurt zufügen, gut verrühren und mit Salz abschmecken.
- 15 Minuten vor Garende die Kartoffeln aus dem Ofen nehmen, die Folie aufmachen und die Kartoffeln mit einem Messer kreuzweise einschneiden. Die Kartoffeln etwas auseinan-derdrücken und mit der Tahinsauce gleichmä-ßig füllen.
- Die gefüllten Folienkartoffeln wieder in den Ofen schieben und offen weitergaren, bis die Sauce etwas eindickt.
- Koriander waschen, trocken schütteln und fein hacken. Die Kartoffeln mit Koriandergrün an-richten und servieren.

Das passt dazu: grüne Kapern in Olivenöl (z. B. von Rapunzel)

Kartoffelspieße mit Petersilienpesto

Rundum lecker

UNSER REZEPT TOP TEN

Für 4 Personen als Beilage
schön für Gäste
⏱ 30 Minuten +
50 Minuten Backzeit

800 g festkochende
Kartoffeln (z. B. Blauer
Schwede,
Violetta oder Rosemarie)
etwa 5 Knoblauchzehen
einige Lorbeerblätter
8 EL Olivenöl
8 EL Gemüsebrühe
Salz, Pfeffer
Schaschlikspieße

Für das Pesto
½ Bund Petersilie
1 kleine Knoblauchzehe
1–2 EL Cashewkerne
(z. B. von Pural oder
Flores Farm)
1 TL Sojasauce
Salz, Pfeffer
Olivenöl

- Kartoffeln gut waschen. Mit der Schale in dünne Scheiben schneiden, aber nicht ganz bis zum Ende durchschneiden, sondern so, dass die Kartoffel an der unteren Seite noch zusammenhält.
- Knoblauch abziehen und in dünne Scheiben schneiden.
- In loser Folge Knoblauch und Lorbeerblätter (oder Teile davon) zwischen die Kartoffelscheiben stecken. Durch jede Kartoffel einen Spieß stechen und in eine ofenfeste Form legen.
- Die Kartoffeln mit Olivenöl und Gemüsebrühe beträufeln, mit Salz und Pfeffer würzen.
- Den Backofen auf 200 °C (Umluft: 180 °C) einstellen, Vorheizen entfällt. Kartoffeln auf der unteren Schiene 40–50 Minuten backen, dabei gelegentlich wenden.
- Für das Petersilienpesto die Petersilie waschen, trocken schütteln und fein hacken. Die Knoblauchzehe abziehen und fein würfeln, die Cashewkerne hacken. Diese Zutaten miteinander vermischen. Sojasauce, Salz und Pfeffer zufügen. Unter Rühren nach und nach Olivenöl angießen, bis die Kräuter-Kerne-Mischung gerade gut bedeckt ist. Nochmals abschmecken und zu den Kartoffeln reichen.

Saftige Mühlviertler Kartoffelküchlein

Ideal auch für's Büro

Für 4 Personen als Beilage
gelingt leicht
🕐 40 Minuten

800 g mehligkochende Kartoffeln (z. B. Mühl-viertler, Jubel oder Reichskanzler) · 2 EL frischer Koriander · 1 Stück Ingwer, etwa 1 cm · ¼ Bund frischer Thymian · 3 EL Limettensaft · etwas Zitro-nenabrieb · 1 Msp. Muskatnuss, gerieben · ½ TL Kurkumapulver · ¼ TL Chilipulver · Salz · Pfeffer · Bratöl

– Die Kartoffeln waschen und mit der Schale in wenig Salzwasser in etwa 20 Minuten weich kochen.
– Zwischenzeitlich den Koriander waschen, tro-cken schütteln und fein hacken. Ingwer schälen und fein reiben. Die Thymian-Blättchen von den Zweigen abzupfen.
– Die Kartoffeln abgießen, kurz auskühlen lassen und pellen. Anschließend stampfen oder durch eine Kartoffelpresse drücken.
– Koriander, Ingwer, Limettensaft, Zitronenabrieb und Gewürze mit der Kartoffelmasse vermen-gen. Mit Salz und Pfeffer gut abschmecken.
– Die Kartoffelmasse zu einer etwa 4 cm dicken Rolle formen. Mit einem scharfen Messer 1 cm dicke Scheiben abschneiden.
– Die Kartoffelscheiben in heißem Öl von beiden Seiten jeweils 3–4 Minuten goldbraun braten. Auf Küchenpapier abtropfen lassen.
– Mit den frischen Thymian-Blättchen anrichten und servieren.

Das passt dazu: ein exotisches Chutney (z. B. von Sanchon oder von Tomate7)

Knusprige Kartoffelpuffer

Einfach und schnell

Für 4 Personen als Beilage
das lieben Kinder
🕐 35 Minuten

1 große Zwiebel · 1 kg mehligkochende Kartoffeln (z. B. Mandelkartoffeln oder Ackersegen) · Salz · Öl zum Braten

– Die Zwiebel abziehen und sehr klein würfeln. Die Kartoffeln schälen, waschen und fein rei-ben. Die geriebenen Kartoffeln auspressen.
– Kartoffeln und Zwiebeln vermischen, mit Salz würzen.
– Öl in einer Pfanne erhitzen und löffelweise kleine Puffer formen. Jede Seite goldbraun und knusprig anbraten, vorsichtig wenden. Am bes-ten den ersten Puffer probieren, ob noch nach-gesalzen werden muss.

Das passt dazu: ein knackiger Salat der Saison oder, für den, der es lieber süß mag, Birnenra-gout (siehe S. 168) oder Apfelmus (z. B. von De Rit oder Clostermann). Die Zwiebelmenge kann für die süße Variante reduziert werden.

Tipp: Falls die geriebenen Kartoffeln sehr was-serreich sind, auspressen und abtropfen lassen. Oder sobald sie mit Zwiebeln und Salz ver-mischt sind, in ein Sieb, das in einer Schüssel hängt, umfüllen. So kann überschüssige Flüs-sigkeit abtropfen.

Stampferdatschi mit Maroni

Knusprige Kartoffelbratlinge

**Für 4 Personen als Beilage –
ergibt etwa 16 Bratlinge**
gut vorzubereiten
🕐 60 Minuten

800 g mehligkochende Kartoffeln (z. B. Bintje,
Ackersegen oder Reichskanzler) · 1 Zwiebel ·
1 Bund Petersilie · 200 g Maroni, bereits fertig
gekocht · 1 Brötchen vom Vortag · 1 EL Butter
oder Ghee · 1 TL Rosmarin · ½ TL Galgant · Salz ·
Pfeffer · 80 g Dinkel- oder Weizenmehl Type 1050 ·
1 Ei · 1 TL Sojasauce · Öl zum Braten

- Gewaschene Kartoffeln mit Schale weich ko-
chen, abgießen und im Topf ausdampfen lassen.
Entweder gepellte Kartoffeln heiß mit einem
Kartoffelstamper zerstampfen oder Kartof-
feln erkalten lassen, schälen und fein reiben.
Kartoffeln vom Vortag können auch verwendet
werden.
- Zwiebel abziehen und klein würfeln, Petersilie
waschen, trocken schütteln und fein hacken.
Maroni klein schneiden, Brötchen in kleine
Würfel schneiden. Alles zusammen in Butter
oder Ghee anschwitzen. Mit Rosmarin, Galgant,
Salz und Pfeffer kräftig würzen.
- Mehl und etwas Salz über die Kartoffeln streu-
en. Ei und Sojasauce verquirlen, darübergießen.
Die Zwiebelmischung darauf verteilen. Mit bemehlten Händen rasch zu einem Teig verkneten. Falls die Masse noch nicht bindet, noch
etwas Mehl zufügen. Kräftig abschmecken.
- Öl in einer Pfanne erhitzen und aus je ein Esslöffel Kartoffelmasse kleine Bratlinge formen.
Jede Seite etwa 5 Minuten anbraten, vorsichtig
wenden.

Das passt dazu: Salat der Saison

Knusprige Mohn-Kartoffel-Waffeln

Waffeln mit dem gewissen Extra

Für 4 Personen als Nachspeise – ergibt 12 Waffeln
schön für Gäste
🕐 20 Minuten + 20–25 Minuten Kochzeit
Kartoffeln

250 g festkochende Kartoffeln (z. B. Mandelkartoffeln, Edelgard oder Desiree) · 4 TL Mohn,
alternativ Dampfmohn (z. B. von Davert) · 4 Eier ·
2 EL weiche Butter · 2 EL Rohrohrzucker ·
1 EL Dinkelmehl 1050 · 6 EL Sahne · Prise Salz ·
Ahornsirupflocken

- Kartoffeln mit der Schale in wenig Wasser
weich kochen. Etwas abkühlen lassen, pellen
und anschließend fein reiben oder durch eine
Kartoffelpresse drücken. Auskühlen lassen.
- In der Zwischenzeit den Mohn etwa 3–5 Minuten in einer Pfanne ohne Fett erhitzen (unbedingt erforderlich!). Dampfmohn muss nicht
erhitzt werden.
- Die Eier trennen. Eigelb mit Butter und Zucker
schaumig rühren. Mehl mit der Sahne verrühren und zur schaumigen Ei-Butter-Masse geben, ebenso die Kartoffelmasse und den Mohn.
Alles gut vermengen.
- Eiweiß mit einer Prise Salz steif schlagen und
vorsichtig unter die Masse heben.
- Je 2 Esslöffel Teig in einem Waffeleisen in etwa
3–5 Minuten zu knusprigen Waffeln backen.
Mit Ahornsirupflocken bestreuen und warm
servieren.

Das passt dazu: fruchtiges Eis (z. B. von Bu-
checkchen) oder Schoko-Mousse (z. B. von Weißenhorner Milch Manufaktur)

Kartoffeln

Kartoffel-Pizza

Pizza einmal anders

**Für 4 Personen als Hauptspeise –
für 2 Backbleche**
braucht etwas mehr Zeit
⏱ 45 Minuten + 1–8 Stunden Vorteig +
25 Minuten Backzeit

Vorteig: 20 g frische Hefe oder 10 g Trockenhefe ·
1 Prise Zucker · 40 g Weizen- oder Dinkelmehl Type
1050 (z. B. vom Biohof Lex) · 4 EL handwarmes
Wasser

Weitere Teigzutaten: 200 g Weizen- oder Dinkelmehl Type 1050 · 160 g Weizen- oder Dinkelvoll-
kornmehl · 250 ml handwarmes Wasser · 4 EL
Olivenöl · ½ TL Salz

Für den Belag: 400 g festkochende Kartoffeln (z. B.
Bamberger Hörnla oder Angeliter Tannenzapfen) ·
Öl für die Form · 120 g Speck nach Belieben ·
300 g Fetakäse · 300 g Sauerrahm · 1 TL Rosmarin · Salz · Pfeffer

- Aus Hefe, Zucker, Mehl und Wasser einen Vorteig anrühren. Mit einem Tuch bedecken und
eine Stunde an einem warmen Ort gehen lassen. Oder noch besser: 4–8 Stunden im Kühlschrank gehen lassen, für eine kühle und lange
Teigführung.
- Dann den Teig zubereiten. Dafür die Mehle in
eine Schüssel geben und vermischen, in der
Mitte eine Mulde formen und in diese den
Vorteig, Wasser, Olivenöl und Salz geben. Alles
zu einem geschmeidigen Teig verkneten. Nach
Bedarf den Teig beim Kneten mit etwas Mehl
bestäuben. Den Teig zugedeckt an einem warmen Ort bis zur doppelten Größe gehen lassen.
- Die Kartoffeln waschen und mit der Schale in
wenig Wasser in etwa 15–20 Minuten weich

kochen oder Kartoffeln vom Vortag verwenden.
Abgekühlte Kartoffeln schälen und in dünne
Scheiben schneiden.
- Zwei Backbleche mit Öl gut einfetten.
- Den Speck in Würfel schneiden.
- Den Fetakäse mit der Hand fein zerkrümeln.
Mit Sauerrahm, Rosmarin, Salz und Pfeffer ver-
mischen.
- Den Teig nochmals durchkneten und teilen.
Jede Hälfte auf einer leicht bemehlten Arbeits-
fläche dünn auswellen oder den Teig in der Luft
mit den Händen auf Backblechgröße ziehen
und auf das Backblech legen. Kartoffelschei-
ben, Speck und die Käse-Sauerrahm-Mischung
auf den beiden Böden verteilen und mit Pfeffer
bestreuen.
- Den Backofen auf 220 °C (Umluft: 190 °C) vorheizen und die Kartoffelpizza auf der mittleren
Schiene 20–25 Minuten knusprig backen. Heiß
oder kalt servieren.

Tipp: Vielleicht verwundert Sie die gering er-
scheinenden Mengen für Boden und Belag.
In diesem Rezept sind beide absichtlich recht
dünn gehalten, dafür wird die Pizza ungemein
knusprig.

Fruchtige Kartoffelrollen

Mit Äpfeln und Walnüssen

Für 4 Personen als Hauptspeise
braucht etwas mehr Zeit
⊙ 60 Minuten + 45 Minuten Backzeit

800 g mehligkochende Kartoffeln (z. B. Ackersegen, Adretta oder Jubel) · Butter für die Form ·
500 g Äpfel · 50 g Walnüsse · 250 g Quark oder
Sauerrahm · 80 g Zucker

Für die besondere Note: Zimt, Kaffeegewürz (z. B.
von Sonnentor) oder Bio-Feinschmecker Gewürze
„Süßes aus aller Welt" (von Herbaria), Menge
nach Belieben · 80 g Dinkel- oder Weizenmehl
Type 1050 · 1 Prise Salz · 1 Ei · 30 g Butter zum
Bestreichen

- Gewaschene Kartoffeln mit Schale kochen, abgießen und im Topf ausdampfen lassen. Entweder gepellte Kartoffeln heiß durchpressen und
auf einem Backblech ausgebreitet auskühlen
lassen oder Kartoffeln erkalten lassen, schälen
und fein reiben. Kartoffeln vom Vortag können
auch verwendet werden.
- Eine feuerfeste Form mit Butter einfetten.
- Äpfel waschen, vierteln und entkernen, je nach
Größe nochmals teilen und in feine Schnitzel
schneiden. Walnüsse hacken. Quark oder Sauerrahm mit Äpfeln, Walnüssen, Zucker und der
Gewürzauswahl für die besondere Note vermischen und abschmecken. Beiseitestellen.
- Für den Kartoffelteig Mehl und Salz über die
Kartoffeln streuen. Das Ei verquirlen, darübergießen und alles mit bemehlten Händen rasch
zu einem Teig verkneten. Falls die Masse nicht
bindet, noch etwas Mehl zufügen. Den Teig zu
einer Rolle formen, 8 Scheiben abschneiden
und auf einer bemehlten Arbeitsfläche handtel-
lergroß auswellen.

- Die Kartoffelfladen mit der Fülle bestreichen,
zusammenrollen und mit dem Teigrand nach
oben zeigend in die Form legen. Mit zerlassener
Butter bestreichen.
- Den Backofen auf 220 °C (Umluft: 200 °C)
vorheizen und auf der unteren Schiene etwa
45 Minuten goldbraun backen.

Das passt dazu: Zucker und Zimt, Vanillesauce

Asiatische Gerichte erfreuen sich seit Jahren großer Beliebtheit. Besondere Zutaten warten im Asia-Regal des Bioladens auf neugierige Köche: ob Miso, Algen, asiatische Würzsaucen, Essige oder Nudelspezialitäten – hier finden Sie wahre Küchenschätze. Insbesondere fermentierte Sojaprodukte haben in China eine lange Tradition und sind bereits seit etwa 200 v. Chr. bekannt.

Miso – ein uraltes Lebensmittel

Miso ist eine milchsauer vergorene Paste auf Basis von Sojabohnen, Meersalz und meistens einer Getreideart, wie Reis oder Gerste. In Japan ist Miso ein alltägliches Lebensmittel, das gerne und oft auf den Tisch findet, meistens in Form von Misosuppe. In der japanischen Mythologie wird Miso als ein Geschenk der Götter an die Menschen beschrieben, für Gesundheit, langes Leben und Glück. Das fußt nach heutigen Erkenntnissen darauf, dass Miso alle essenziellen Aminosäuren und leicht verdauliche Nährstoffe enthält. Miso regt darüber hinaus die Magensäfte an.

Wie wird Miso hergestellt?

In Japan existieren hunderte Misosorten, die sich durch die Rohstoffe und verschiedene klimatische Einflüsse während der Herstellung unterscheiden. Die gekochten und zerkleinerten Sojabohnen und gegebenenfalls das Getreide werden mit Wasser, Meersalz und Koji-Ferment (einem Schimmelpilz) versetzt. Die Paste reift anschließend je nach Sorte zwischen einigen Wochen und drei Jahren im Wechsel der Jahreszeiten in großen Zedernholzfässern, beschwert mit einem kunstvoll aufgebauten Turm an Steinen. Das Gewicht von mehreren Tonnen bewirkt eine gleichmäßige Verteilung der Flüssigkeit und somit eine gleichmäßige Fermentation. Miso aus großindustrieller Produktion kann künstliche Zusätze, Bleichmittel, Zucker und Konservierungsstoffe enthalten. Auf all diese Zusätze verzichten Anbieter von Misos im Bioladen, auch dank der ausgefeilten und auf langer Tradition beruhender Herstellungsweise. Hier entsteht das Aroma auf natürlichem Wege.

Tipp

Bewahren Sie Misopasten am besten im Kühlschrank auf. Sie sind in der Regel lange haltbar. Instant-Produkte können Sie in der Vorratskammer aufheben.

Miso in der Küche

Neben der klassischen Misosuppe eignet sich Miso als Grundwürze für Suppen, Saucen und zum Abschmecken von Gemüse, Tofu, Tempeh, Seitan, Fleisch, Fisch oder Meeresgemüse. Außerdem

schmeckt es gut als Brotaufstrich (ganz dünn), zum Überbacken oder als Würzmittel für Dips und Salatsaucen. Es wird empfohlen, Miso erst am Ende der Kochzeit zuzugeben und nicht mitkochen zu lassen. Bei gekochten Speisen können Sie Miso mit etwas Kochflüssigkeit in einer Extra-Schüssel verrühren und am Ende dem Gericht zufügen. Verschiedene Misosorten können miteinander gemischt werden.

Welche Miso-Sorten gibt es?

Miso wird als Paste oder Instant-Produkt in Pulverform, teils bereits mit Nudeln, Tofu oder Meeresgemüse gemischt, angeboten.

Hatcho Miso
Zutaten: Sojabohnen mit einer Reifezeit von 2–3 Jahren
Aussehen: dunkelbraune Paste
Geschmack: das kräftigste, würzigste und vollmundigste Aroma unter den typischen Misosorten
Geeignet für: herzhafte Saucen, Suppen, Eintöpfe, Gerichte mit Wurzelgemüse, Misosuppe, Brotaufstriche

Shiro Miso
Zutaten: Reis, Sojabohnen mit einer Reifezeit von 2–8 Wochen
Aussehen: helle, cremige Paste
Geschmack: sahnig-mild, leicht süßlich

Geeignet für: Dressings, Dips, Saucen, Pürees, Gemüse, als Alternative zu Sahne, zum Überbacken, als Brotaufstrich

Genmai Miso
Zutaten: Sojabohnen, ungeschälter Reis mit einer Reifezeit von etwa eineinhalb Jahren
Aussehen: mittelbraune Paste
Geschmack: aromatisch-würzig
Geeignet für: Miso-Suppe, Suppen, Saucen, herzhafte Gerichte

Mugi Miso
Zutaten: Sojabohnen, Gerste mit einer Reifezeit von 1–2 Jahren
Aussehen: mittelbraune Paste
Geschmack: aromatisch-herzhaft
Geeignet für: Miso-Suppe, Suppen, Dips, Brotaufstriche, zum Verfeinern von Gemüse, Fisch, Reisgerichten, für Saucen mit Tofu und Tempeh

Algen – Gemüse aus dem Meer

Meeresgemüse oder Algen sind in China seit 4500 Jahren eine bekannte Zutat. Auch an europäischen Küsten, zum Beispiel in Frankreich oder England, kennt man das Meeresgemüse. Und selbst den Kelten und Wikingern war die Alge namens Dulse als Lebensmittel bekannt. Bei uns verschwand diese

Tradition im Laufe der Zeit, währen in vielen asiatischen Ländern sich auch heute täglich Algen auf dem Speiseplan befinden. Algen können aufgrund ihrer Farbe in drei verschiedene Gruppen eingeteilt werden:

- **Grünalgen:** Meeressalat/Meereslattich, Nori-Flocken
- **Rotalgen:** Nori/Sushi Nori, Dulse, Agar-Agar
- **Braunalgen:** Arame, Hijiki, Wakame, Kombu, Meeresspaghetti

Algen zeichnen sich durch einen hohen Gehalt an Mineralstoffen, wie Calcium, Magnesium, Eisen, Kalium, Jod, Zink und Selen aus. Sie enthalten ebenso Vitamin A, C, E, Niacin, Folsäure sowie den B-Vitaminkomplex. Algen können aus dem Meerwasser auch unerwünschte Substanzen aufnehmen. Daher wählen die Erzeuger besonders saubere Küstenregionen aus. Algen unterliegen ständigen Qualitätskontrollen, nochmals verstärkt nach dem Unglück von Fukushima 2011. Die Hersteller und Importeure garantieren, nur einwandfreie Ware in den Verkehr zu bringen.

Viele Algen im Bioladen stammen aus Wildsammlungen und sind daher nicht bio-zertifiziert. Hijiki, Nori, Wakame, Arame und Kombu von Ruschin Makrobiotik stammen zum Beispiel aus dem Süden der japanischen Hauptinsel, die Agar-Agar-Flocken von etwas weiter nördlich. Arche Natur-

WISSEN

Der Jod-Gehalt von Algen

Insbesondere Braunalgen (Ausnahme: Wakame) enthalten im Vergleich zu den anderen Algen reichlich Jod. Nori hat den geringsten, Kombu den höchsten Jod-Gehalt. Kombu ist daher in Deutschland nicht als Lebensmittel zugelassen, im Bioladen findet man auf dem Etikett „Als Badezusatz". Die Deutsche Gesellschaft für Ernährung empfiehlt eine durchschnittliche tägliche Aufnahme von maximal 0,2 mg Jod. Bei Menschen mit Schilddrüsenerkrankungen ist Vorsicht geboten. Ein Blick auf die Verpackung zeigt den jeweiligen Jod-Gehalt an. Es wird empfohlen, Algen generell in kleinen Mengen zu verwenden.

küche und Lima beziehen diese Algen ebenfalls aus Japan, die Meeresspaghetti von Arche Naturküche stammen aus Frankreich. Dulse wächst auch im Atlantik. Die Nori-Alge kann auch kultiviert werden.

Tipp

Algen am besten trocken, dunkel und kühl (Kühlschrank muss nicht sein) aufbewahren. Sie sind in der Regel viele Monate haltbar.

Zubereitungstipps

Die typischen Zubereitungsschritte für Meeresgemüse sind: Algen abspülen, einweichen, gegebenenfalls kochen. Das Einweichwasser enthält wertvolle Nährstoffe und kann sowohl zum Kochen (bitte Jod-Gehalt beachten) als auch als Gießwasser für Blumen auf dem Balkon und im Garten verwendet werden.

Ebenso wie Gemüse, das man teils roh, blanchiert, gekocht, knackig gebraten oder geschmort zubereiten kann, variieren auch die Zubereitungsmöglichkeiten von Meeresgemüse. Hier ein Überblick zur Orientierung und zur Inspiration für eigene Gerichte – in der Küchenwerkstatt darf nach Vorliebe und Geschmack experimentiert werden:

Agar Agar

Aussehen: helle Flocken oder Pulver
Geschmack: relativ neutral
Zubereitung: In Flüssigkeit anrühren und 8–10 Minuten kochen. Beim Abkühlen auf 34–38 °C geliert es aus. Die Dosierung ist abhängig von der Art der zu bindenden Flüssigkeit, am besten eine Gelierprobe machen. Prinzipiell entsprechen 5 g Agar-Agar-Pulver in etwa 6 Blättern Gelatine.
Geeignet für: Gelieren von Gelees, Fruchtaufstrichen, Nachspeisen, Terrinen, Aspik, Tortenguss, Füllungen aus Früchten, Säften und Milchprodukten

Arame

Aussehen: schwarz, wie dünne Fadennudeln geschnitten
Geschmack: mild, zart-würzig
Zubereitung: abspülen, 5–10 Minuten einweichen, anschließend 10–15 Minuten kochen oder braten
Geeignet für: Salate mit Gemüse, angedünstet/gebraten mit Gemüse, Tofu, Tempeh, Getreide, dekorativ

Dulse

Aussehen: rotbraunes, breites Blatt
Geschmack: würzig-aromatisch
Zubereitung: abspülen, 5 Minuten einweichen und zum Beispiel für Salate verwenden. Oder 2 Minuten dünsten oder kochen

Geeignet für: Salate, Suppen, Getreide,
Gemüse, Fisch, Omelette

Hijiki

Aussehen: schwarz, wie etwas dickere Fadennudeln

Geschmack: kräftig

Zubereitung: abspülen, 10–15 Minuten einweichen, 20–40 Minuten kochen

Geeignet für: Salate mit Gemüse, angedünstet/gebraten mit Gemüse, Tofu, Getreide, Nudelgerichte, dekorativ

Kombu

Aussehen: breite Blätter, dunkelbraun bis dunkelgrün, mit weißen Kristallen auf der Oberfläche (Glutaminsalze)

Geschmack: dezent, ganz leicht nach Fisch

Zubereitung: abspülen, 10–15 Minuten einweichen, 10–20 Minuten kochen oder in einem Gericht mitkochen

Geeignet für: Dashi-Brühe, klein geschnitten über Salate, Gemüse, Getreide; als Beigabe beim Kochen von Hülsenfrüchten und Getreide. Beide werden schneller gar und leichter verdaubar, insbesondere Hülsenfrüchte.

Sonstiges: In Deutschland aufgrund des hohen Jod-Gehalts nicht als Lebensmittel zugelassen, im Bioladen mit dem Hinweis „Als Badezusatz" zu finden.

Tipp

Aus Kombu lässt sich Dashi-Brühe herstellen, der japanische Suppengrundstock. Dafür ein briefmarkengroßes Stück Kombu pro Person etwa 10 Minuten einweichen, anschließend 10 Minuten in Wasser kochen, Gemüse zufügen und mitkochen, am Ende mit Sojasauce oder Miso würzen.

Meeressalat/Meereslattich

Aussehen: grünes Blatt, oft zu Flocken verarbeitet. Im Handel ist eine Mischung aus Dulse, Nori und Meereslattich unter dem Namen „Meeressalat" erhältlich.

Geschmack: fein-würzig

Zubereitung: kann direkt über das Gericht gestreut werden, wie gehackte Petersilie zu verwenden

Geeignet für: Gemüse, Salate, Fisch, Geflügel, Getreide, Tofu, Tempeh, Seitan, Suppen, Eintöpfe, Omelette, Saucen

Nori, Sushi Nori

Aussehen: in Blattform gepresste Alge, schwarzviolett. Die Alge verfärbt sich grün, sobald sie geröstet wird.

Geschmack: zart-würzig

Zubereitung: sofern schwarz, über der Herdplatte oder Gasflamme (Feuerzeug geht auch) rösten. Grüne Nori-Blätter sind küchenfertig und können direkt weiterverarbeitet werden.
Geeignet für: Sushi – sicherlich die bekannteste Verwendungsart –, aber auch zum Garnieren und Würzen (in Streifen schneiden oder zerkrümeln) von Salaten, Suppen, Nudelgerichten, Gemüse, Tofu, Tempeh, Seitan

Nori-Flocken

Aussehen: grünes Blatt, zu Flocken verarbeitet
Geschmack: zart-würzig
Zubereitung: kann direkt über das Gericht gestreut werden, wie gehackte Petersilie zu verwenden.
Geeignet für: Gemüse, Salate, Fisch, Geflügel, Getreide, Tofu, Tempeh, Seitan, Suppen, Eintöpfe, Omelette, Saucen, Hülsenfrüchte

Wakame

Aussehen: dunkelgrün, breites, gefaltetes Blatt, mit weißen Kristallen auf der Oberfläche (Glutaminsalze)
Geschmack: würzig-aromatisch
Zubereitung: abspülen, 3–5 Minuten einweichen, kann ungekocht gegessen werden oder kurz im Gericht ziehen lassen. Längeres Kochen macht die Alge matschig. Dickere Blattnerven nach Bedarf entfernen.

Instant-Wakame ist küchenfertig, 1–2 Minuten ziehen lassen.
Geeignet für: Misosuppe mit Wakame, als Zutat für Salate und Gemüse, Getreide, Omelette

Was gibt es sonst noch im Asia-Regal?

Im Asia-Regal sind viele weitere Produkte zu entdecken. Hier eine persönliche Auswahl für die Genussküche im Überblick, mit Zubereitungsempfehlungen zur Orientierung:

Würzsaucen. Am bekanntesten ist sicher die Sojasauce. Es gibt Tamari (aus Sojabohnen) und Shoyu (aus Weizen und Sojabohnen), beide aus traditioneller Herstellung. Tamari ist kräftiger im Geschmack als Shoyu. Die Auswahl ist also reine Geschmackssache.

Mirin. Mirin, die dunkle, süße Reisweinwürze, verfeinert Gemüse, Algengerichte, Hülsenfrüchte, Salatdressings, Tofu, Tempeh, Seitan oder helles Fleisch und Fisch.

Ume Su. Die Aprikosenwürze Ume Su entsteht bei der Milchsäuregärung der japanischen Ume-Aprikose (auch sehr delikat). Ume Su ist salzig-fruchtig-würzig und kann als Essig eingesetzt werden,

weiteres Salzen ist dann in der Regel nicht notwendig.

Genmai Su. Genmai Su, eine bernsteinfarbene Essigwürze aus Vollkornreis, ist weniger sauer als Weinessig. Sie dient als Marinade für Sushi-Reis (mit Mirin), rundet Bohnen- und Fischgerichte ab, eignet sich für Salate und zum Abschmecken.

Sesamöl. Sesamöl ist eines unserer liebsten Öle. Natives Sesamöl (zum Braten verwendbar) wird aus ungerösteten Sesamsamen gepresst, beim gerösteten Öl werden die Samen vorher geröstet. Letzteres Sesamöl hat eine intensive Sesamnote und dient vor allem als Würze (also in kleinen Mengen verwenden). Beide Öle können gemischt werden.

Gomasio. Hinter Gomasio verbirgt sich ein Würzmittel aus 95 % gerösteten Sesamsamen und 5 % Salz. Es dient zur Verfeinerung von Speisen, ist dekorativ und kann Salzersatz sein.

Tahin. Das Sesammus Tahin ist fein als Grundlage von Salatdressings, zu Gemüse oder als Brotaufstrich.

Schwarzer Sesam. Schwarzer Sesam hat ein ausgesprochen intensives Sesamaroma und enthält im Vergleich zu hellem Sesam mehr Nährstoffe.

Nudelspezialitäten. Die schnell kochenden Bifun-Reisnudeln oder japanischen Nudelspezialitäten wie Soba (mit oder ganz aus Buchweizenmehl) oder Udon (aus Weizenmehl) bringen Abwechslung in die Nudel-Küche und einen fernöstliche Note in unsere Breiten. Durch die besonders glatte Oberfläche der Nudeln entsteht ein ganz neues Kaugefühl.

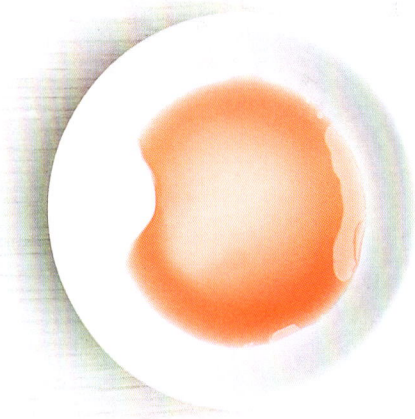

Überlieferte Herstellungs- verfahren stehen für Qualität

Einem Sprichwort zufolge lebt jemand, der etwas isst, was er zuvor noch nie gegessen hat, 75 Tage länger. So hat es Monika Ruschin aus Bremen in Japan kennengelernt. Seit 1999 handelt sie mit Lebensmitteln, die in japanischen Manufakturen nach traditionellen Rezepten hergestellt werden. Das Angebot der makrobiotischen Lebensmittel reicht von Meeresgemüse und Sojaprodukten über Nudeln bis hin zu Würzmitteln.

Eine traditionelle Esskultur auf der Basis von Vollgetreide und regionalem Gemüse haben es Monika Ruschin, Geschäftsführerin von Ruschin Makrobiotik, angetan. „Wir möchten hochwertige Lebensmittel, die auf ursprüngliche Art und Weise hergestellt sind, vertreiben. Und unsere Kunden dadurch darauf aufmerksam machen, dass es solche Lebensmittel noch gibt und es Freude bringt, diese auch mal auszuprobieren", erläutert sie ihre Unternehmensphilosophie.

Einstiegs-Trio als Geschmackserlebnis

Ihr Interesse „an einer für Menschen und Erde sinnvollen Arbeit", wie sie erzählt, brachte die gelernte Speditionskauffrau beruflich Mitte der 1990er-Jahre zu dem Naturgroßhändler und Importeur Schwarzbrot Naturspeisewaren nach Hamburg-Ottensen. Hier kam sie in Kontakt mit Herstellern, Privatleuten und Händlern aus Japan, England und Frankreich, die Lebensmittel, insbesondere Produkte der Makrobiotik, herstellten und vertrieben. Erste Geschmackser-

lebnisse von Monika Ruschin in dieser traditionellen Küche war das Würzen mit dem „Trio" Sojasauce, Genmai Su – einem Reisessig – und Mirin, einem süßen Kochwein.

Monika Ruschin war bei Schwarzbrot schnell für Import und Vertrieb der Makrobiotik-Lebensmittel verantwortlich. Der Verkauf erfolgte schon damals in Naturkostläden. Durch ihre Arbeit lernte sie Menschen in Japan kennen, die einen sehr achtsamen Umgang in der Verarbeitung von Lebensmitteln hatten, was die naturverbundene Monika Ruschin sofort ansprach. Nicht nur die Menschen, auch die seit Generationen überlieferten Herstellungsverfahren überzeugten sie, bei denen die Produkte ohne Zusatzstoffe und künstliche Hilfsmittel auskommen. Ihre Begeisterung für makrobiotische Lebensmittel aus Japan wuchs mit jedem Kochunterricht und mit jedem Seminar in Theorie und Praxis. „Die Manufakturen, oft über Generationen geführte Familienbetriebe, haben mit ihren traditionellen Rezepturen und Herstellungsverfahren ein ausgeprägtes Qualitätsbewusstsein entwickelt", weiß Monika Ruschin. Ende der 1990er Jahre musste

der Großhändler Schwarzbrot schließen. Monika Ruschin gründete im Februar 1999 die Firma Ruschin GmbH mit der Marke Ruschin Makrobiotik und bereits ab Ende des gleichen Jahres erfolgte die erste Auslieferung an die Kunden. Mit dem Import und Vertrieb makrobiotischer Lebensmittel aus Japan legte sie ihren Unternehmensschwerpunkt fest. Die Firma ist heute ein kleines, aber feines Familienunternehmen, in dem ihr Bruder Bernhard Ruschin im Vertrieb und Außendienst mitwirkt. Mit den Jahren fand das Bremer Handelshaus Ruschin seinen festen Platz mit eigenen Produkten in den Biomärkten und Naturkostläden im deutschsprachigen Raum.

Makrobiotische Ernährungsempfehlungen

„Der Begriff Makrobiotik wurde von dem griechischen Vater der Medizin, Hippokrates, und dem deutschen Arzt Christoph Wilhelm Hufeland, geprägt. Makrobiotik beschreibt das Erlernen und Verstehen der Ordnung der Natur und deren praktische Anwendung im täglichen Leben. Das betrifft auch unsere Ernährungsweise", weiß die gebürtige Bremerin. Im 20. Jahrhundert wurde der Begriff Makrobiotik durch den japanischen Philosophen und Arzt Georges Ohsawa wieder aufgenommen und weltweit verbreitet. Nach heutigen makrobiotischen Ernährungsempfehlungen finden sich folgende Zutaten auf dem Speiseplan: Vollkorngetreide und -reis mit möglichst regionalem und saisonalem Gemüse sowie Meeresgemüse, Hülsenfrüchte und Sojaprodukte wie Tofu und Tempeh, ergänzt durch Fisch, Obst, Kerne und traditionelle Würzmittel. Dazu zählen neben Miso zum Beispiel auch Sojasaucen, Genmai Su (Reisessig), Produkte der Ume-Aprikose, Tahin oder Gomasio. Über 100 Produkte befinden sich im Sortiment von Ruschin. Etwa 60 % sind in Bio-Qualität verfügbar. Kleinere Manufakturen mit jahrzehntelanger Erfahrung produzieren außerdem hochwertige Produkte für die gezielte Anwendung im makrobiotischen Sinne. Monika Ruschins Lieblingsgericht: gebratene Soba-Nudeln mit Tofu, Karotten und Lauch, gewürzt mit dem „Trio" Sojasauce, Genmai Su und Mirin. Ideal für die Mittagspause.

Avocado-Schiffchen mit Miso-Tomaten-Füllung

Hier isst das Auge mit!

**Für 4 Personen
als Vorspeise**
geht schnell
🕐 15 Minuten

2 kleine Avocados
1 EL Limettensaft
weißer Pfeffer
2 mittelgroße Tomaten
1 Knoblauchzehe
1 Frühlingszwiebel
2 EL Sesamöl, nativ
1 EL Ume-Su-Aprikosenwürze
(z. B. von Ruschin
Makrobiotik)
2 EL Zitronen-Olivenöl
(z. B. von LaSelva)
1 EL Genmai-Miso-Würzpaste
(z. B. von Arche Naturküche)
½ Bund Schnittlauch

- Die Avocados waschen, halbieren und die Kerne entfernen. Mit Limettensaft beträufeln und nach Belieben pfeffern.
- Die Tomaten waschen, mit kochendem Wasser überbrühen und abziehen. Anschließend würfeln. Den Knoblauch abziehen und fein würfeln. Die Frühlingszwiebel in dünne Ringe schneiden. Zusammen in Sesamöl etwa 5 Minuten anbraten.
- Zwischenzeitlich Ume Su, Olivenöl und Miso zu einer flüssigen Paste verrühren. Zu den Tomaten geben, vermischen und bei mittlerer Hitze 5 Minuten mitdünsten.
- Die Masse etwas abkühlen lassen. Währenddessen den Schnittlauch waschen, trocken schütteln und in Röllchen schneiden.
- Die Avocados mit der lauwarmen Tomatenmasse füllen, mit Schnittlauchröllchen garnieren und sofort servieren.

Das passt dazu: Baguette mit Frischkäse (z. B. von der Weißenhorner Milch Manufaktur)

Gefüllte Datteln

Der ultimative Crossover-Snack

Für 4 Personen als Vorspeise
schön für Gäste
⏱ 25 Minuten

1 ½ EL Erdnussmus Crunchy · 1 ½ EL Shiro-Miso-Würzpaste · 1 TL Meerrettich, tafelfertig · 1 EL Zitronensaft · bunter Pfeffer (z. B. von Heuschrecke) · 16 Datteln, getrocknet und entsteint · 8–16 Scheiben Speck (je nach Größe), dünn geschnitten · 1 TL Bratöl

- Für die Füllung Erdnussmus, Shiro Miso, Meerrettich und Zitronensaft gut vermischen, mit Pfeffer würzen.
- Jede Dattel mit einer kleinen Menge der Erdnuss-Miso-Paste füllen und in einer halben oder ganzen Speckscheibe einwickeln.
- Öl in einer Pfanne erhitzen und die Speck-Datteln von allen Seiten knusprig braten.

Tipp: Übrige Füllung kann als Brotaufstrich verwendet werden, das Brot zusätzlich mit Kresse garnieren.

Schnelle Misosuppe

Die ideale Büromahlzeit für zwischendurch

Für 1 Person als Vorspeise
geht schnell
⏱ 10 Minuten

250 ml Wasser · ½ Frühlingszwiebel · 1 Champignon · 1 Cocktailtomate · 50 g Tofu (z.B. Graffiti-Terrine von Taifun) · 1 Zweig Petersilie · 1 TL–1 EL Miso-Würzpaste · Instant-Wakame-Algen nach Belieben

- Wasser erhitzen.
- Da das Gemüse roh in die Misosuppe kommt, es am besten besonders dünn schneiden: Frühlingszwiebel waschen, putzen und schräg in dünne Ringe schneiden, Champignon in hauchdünne Scheiben schneiden, Tomate waschen und achteln. Tofu in gut 1 cm große Würfel schneiden. Petersilie waschen, trocken schütteln und fein hacken. Alles in eine Suppenschale geben.
- Die Menge an Miso ist sehr individuell, einfach mit einer kleineren Menge anfangen und nach Gusto erhöhen: Miso zuerst in einem Extragefäß mit etwas heißem Wasser glatt rühren, zu den anderen Zutaten in die Suppenschale geben und mit dem restlichen Wasser auffüllen. Nach Belieben mit etwas Instant-Wakame bestreuen. Sofort genießbar!

Tipp: Die Wahl der Miso-Sorte hängt vom persönlichen Geschmack ab. Im Grunde können alle Misos verwendet werden. Als Einsteiger-Miso empfiehlt sich Mugi oder Genami Miso, Hatcho Miso ist auch beliebt, löst sich nur etwas schwerer auf.

Miso-Bohnen

Bohnen einmal anders

Für 4 Personen als Beilage
gut vorzubereiten
🕑 35 Minuten + 8–12 Stunden oder über Nacht
Bohnen einweichen + 45 Minuten Kochzeit für die
Bohnen

200 g kleine weiße Bohnen · 220 g Wirsing ·
1 kleine rote Paprikaschote · 1 Knoblauchzehe ·
1 TL Kreuzkümmel, ganz · 3 EL Bratöl · 2 EL Rosinen · 3 EL Shiro-Miso-Würzpaste · 100 ml Wasser ·
Salz · 1 EL Nori-Algen-Flocken

Die weißen Bohnen waschen und in gut der
doppelten Menge Wasser 8–12 Stunden oder
über Nacht einweichen.

- Dann das Einweichwasser abgießen und die
Bohnen in einem Sieb waschen. Bohnen gut
mit Wasser bedecken, zum Kochen bringen und
45 Minuten köcheln lassen.
- Den Wirsing waschen und in feine Streifen
schneiden. Die Paprikaschote waschen, entkernen und würfeln. Den Knoblauch abziehen und
in dünne Scheiben schneiden. Den Kreuzkümmel grob in einem Mörser zerstoßen.
- Öl in einer Pfanne erhitzen, Kreuzkümmel eine
Minute anbraten. Wirsing und Paprika zufügen, 6–8 Minuten braten. Gekochte Bohnen
zugeben und weitere 5 Minuten mitbraten, am
Ende die Rosinen untermischen. Die Pfanne
vom Herd nehmen, in der Mitte der Pfanne das
Bohnengemüse etwas zur Seite schieben. Darin
das Miso mit Wasser glatt rühren und anschließend untermengen. Mit Salz abschmecken und
Nori-Flocken dazugeben.

Das passt dazu: Reis oder Kartoffeln, gebackene
Hähnchenschenkel mit Senf-Honig-Kruste (siehe S. 150) und ein grüner Salat

Grüner Salat mit Hijiki-Algen

Blattgemüse trifft Meeresgemüse

Für 4 Personen
gelingt leicht
🕑 20 Minuten + 30 Minuten Algen einweichen

½ Tasse Hijiki-Algen (z. B. von Terrasana oder Arche Naturküche) · 1 grüner Blattsalat nach Wahl ·
zusätzlich etwas Asia Salat · 1 Bund Radieschen ·
2 TL Honig · 2 TL Meerrettichpaste Wasabi-Art (z. B.
von Arche Naturküche) · 2 EL Genmai Su-Reises-
sig oder Weißweinessig · 1 TL Sojasauce + etwas
Extrasauce zum Ablöschen · 6 EL Sesamöl, nativ +
etwas Extra-Öl zum Braten · 2 EL Gomasio

- Hijiki abspülen. Mit kochendem Wasser übergießen und zugedeckt 15 Minuten einweichen.
- Salate waschen und zerkleinern, Radieschen
waschen und in Scheiben schneiden. Beides in
eine Schüssel geben.
- Honig, Meerrettichpaste, Genmai Su und Sojasauce glatt rühren. Mit dem Öl verquirlen, bis
eine cremige Konsistenz entsteht. Das geht prima mit einem kleinen elektrischen Milchaufschäumer oder mit einem Schneebesen. Vinaigrette über den Salat geben, mischen und mit
Gomasio bestreuen.
- Das Einweichwasser der Algen abgießen. Das
Meeresgemüse in heißem Sesamöl etwa 5 Minuten anbraten. Die Herdplatte ausschalten
und die Algen mit ein paar Tropfen Sojasauce
ablöschen. Etwas abkühlen lassen, über den Salat geben und nochmals durchmischen.

Variante: Für einen intensiven Sesamgeschmack
natives Sesamöl mit geröstetem Sesamöl mischen. Statt Hijiki kann Arame verwendet werden. Diese Alge ebenfalls waschen, 5–10 Minuten einweichen und zusätzlich 10–15 Minuten
kochen.

Sushi mit Räucherlachs

Eine runde Sache

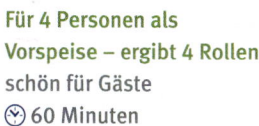

- Sushi Reis gründlich waschen, Kombu abspülen. Reis mit Wasser und Kombu zum Kochen bringen und etwa 15 Minuten bei geschlossenem Deckel auf mittlerer Hitze kochen. Die Herdplatte ausschalten und einige Minuten nachquellen lassen. Kombu entfernen.
- Genmai Su, Mirin, Zucker und Salz bei schwacher Hitze erwärmen, bis sich Zucker und Salz aufgelöst haben. Die Marinade mit einem großen, breiten Löffel vorsichtig unter den Reis mischen. Den Reis möglichst rasch auf Zimmertemperatur abkühlen lassen.
- Für die Füllung den Kräuterfrischkäse mit dem Meerrettich vermischen. Räucherlachs in Streifen schneiden.
- Für das Rollen des Sushis eine kleine Schale mit warmem Wasser bereitstellen. Die Sushi-Matte mit der längeren Seite nach unten auf die Arbeitsfläche legen, darauf das Nori-Blatt legen, die glatte Seite zeigt nach unten.
- Den Reis verteilen: Pro Algenblatt etwa ¼ der Reismenge verwenden, den Reis gleichmäßig 1 cm hoch verteilen. Dabei am oberen und unteren Rand jeweils 2 cm freilassen. Am besten geht das Verteilen mit leicht angefeuchteten Fingerspitzen (nur ganz wenig Wasser, sonst wird das Algenblatt durchnässt).
- Jede Rolle mit einem Esslöffel Sesam bestreuen. Kurz über den unteren Reisrand einen Streifen Kräuterfrischkäse geben, darauf die Lachsstreifen.
- Zum Rollen die Hände säubern und abtrocknen. Darauf achten, dass der untere Rand des Nori-Blattes mit dem unteren Rand der Sushi Matte übereinstimmt. Das Nori-Blatt von unten nach oben aufrollen, mit Hilfe der Sushi Matte bei mittlerem Druck nach innen drücken. Den oberen Rand mit wenig Wasser anfeuchten, so hält das Nori-Blatt die Rolle gut zusammen. Die Rolle einige Minuten ruhen lassen, in der Zwischenzeit die nächste Rolle fertig machen.
- Die Rollen mit einem scharfen Messer in 2½ cm breite Sushi schneiden. Das Messer zwischen den einzelnen Schnitten säubern. Sushi auf einem Teller anrichten.
- Beim Essen Sushi in etwas Sojasauce dippen und genießen.

Das passt dazu: Ingwer in Reisessig, Wasabi-Würzpulver als Paste angerührt oder Meerrettichpaste Wasabi-Art (z. B. von Arche Naturküche)

Tipp: Die Zubereitung von Sushi erfordert etwas Zeit und Geduld, es hört sich aber komplizierter an, als es ist. Einfach mal ausprobieren, der Geschmack macht alles wieder wett!

Für 4 Personen als Vorspeise – ergibt 4 Rollen
schön für Gäste
⏱ 60 Minuten

250 g (2 Tassen) Sushi-Reis (z. B. von Davert)
1 briefmarkengroßes Stück Kombu-Alge (z. B. von Terrasana)
600 ml (4 Tassen) Wasser
50 ml Genmai-Su-Reisessig
1 TL Mirin-Reiswein
1 TL Zucker
½ TL Salz

Für die Füllung
4 EL Kräuterfrischkäse
Meerrettich, tafelfertig, Menge nach Belieben
1–2 Scheiben Räucherlachs (z. B. von bio-verde)
4 Blätter Sushi-Nori-Alge, bereits geröstet (z. B. von Arche Naturküche)
4 EL schwarzer Sesam

Außerdem
Sushi-Matte aus Bambus (z. B. von Arche Naturküche)
Sojasauce zum Dippen

UNSER REZEPT

geht schnell
Für 4 Personen
🕐 15 Minuten

250 g Soba-Nudeln
(z. B. von lima oder Arche
Naturküche)
1 Frühlingszwiebel
2 kleine Karotten
1 kleine Knoblauchzehe
2 EL Petersilie
2 EL Sojasauce
(z. B. von Ruschin Makrobiotik
oder Terrasana)
2 EL Genmai-Su-Reisessig
(z. B. von lima oder
Arche Naturküche)
2 EL Mirin-Reiswein (z. B. von
Ruschin Makrobiotik, lima
oder Arche Naturküche)
1–2 EL Leindotteröl
(z. B. von Chiemgaukorn
oder Bio Planète)
3–4 EL Olivenöl
1 EL Zitronensaft
1 EL Honig
1 Msp. Cayennepfeffer
100 ml Reis Cuisine (z. B. von
Provamel oder Natumi)
1 EL weißer Sesam
1 EL schwarzer Sesam

Soba-Nudel-Salat mit Sesam

Ideal für die Mittagspause

- Soba-Nudeln nach Packungsanleitung bissfest kochen. Je nach Hersteller mit oder ohne Salz im Kochwasser. Bei Bedarf zwischendurch entstehenden Schaum abschöpfen.
- In der Zwischenzeit die Frühlingszwiebel waschen, putzen und in dünne Ringe schneiden. Die Karotten waschen, eventuell schälen und grob raspeln. Den Knoblauch abziehen und fein würfeln. Die Petersilie waschen, trocken schütteln und fein hacken.
- In einem Rührbecher Sojasauce, Genmai Su, Mirin, Leindotteröl, Olivenöl, Zitronensaft und Honig mit einem Löffel gut verrühren, bis sich der Honig auflöst. Knoblauch, Cayennepfeffer und Reis Cuisine zugeben. Kurz mit dem Pürierstab aufmixen.
- Das Nudel-Wasser abgießen, anschließend die Nudeln kurz mit kaltem Wasser abschrecken. Das Dressing über die Nudeln gießen und vorsichtig vermengen. Karotten-Raspel, gehackte Petersilie und Sesam auf den Nudeln verteilen. Lauwarm servieren.

Variante: Zur Tomatenzeit mit halbierten Cocktailtomaten mischen und servieren.

Tipp: Der Soba-Nudel-Salat schmeckt auch kalt sehr gut. Mal was Neues beim Picknick. Am besten dafür die Nudeln mit dem Dressing und den weiteren Zutaten kurz vor dem Verzehr vermengen.

Tofu mit Meeresgemüse zum Dippen

Eine gelungene Mischung

Für 4 Personen als Beilage
gelingt leicht
⏱ 15 Minuten

2–3 Streifen Wakame-Algen (z. B. von Ruschin Makrobiotik) · 100 ml Wasser · 2 Frühlingszwiebeln · 400 g Tofu, natur · 2½ EL Soja-Honig-Sauce (z. B. von Sanchon) · 1 EL Sesamöl, geröstet · 1 EL Sojasauce · 1½ EL Kochwasser · etwas Chiliflocken nach Belieben

- Wakame in 1–2 cm lange Stücke brechen, abspülen und in reichlich kaltem Wasser 3–5 Minuten einweichen.
- In einem Topf das Wasser erhitzen.
- Frühlingszwiebel waschen, putzen und in dünne Ringe schneiden. Tofu abwaschen und in große Würfel schneiden. Beides in heißem Wasser 5 Minuten leicht köcheln lassen.
- Die abgetropften Wakame zu Tofu und Frühlingszwiebeln fügen, mischen und auf ausgeschalteter Platte eine Minute mitziehen lassen.
- Dann die Sauce mischen. Dafür Soja-Honig-Sauce zuerst mit Sesamöl, dann mit Sojasauce und dem Kochwasser verrühren. Nach Belieben mit Chiliflocken würzen. Die Sauce in einem Schälchen beiseite stellen.
- Tofu, Frühlingszwiebeln und Algen in einer zweiten Schüssel servieren und dazu getrennt die Dipsauce reichen.

Panna Cotta

Ein Italiener mit asiatischen Zutaten

Für 4 Personen als Nachspeise
gut vorzubereiten
⏱ 25 Minuten

400 g Sahne · 30 g Zucker · 2 Msp. Bourbonvanille gemahlen · 1,3 g Agar-Agar-Pulver, etwa ¾ gestrichener TL (z. B. von Biovegan)

- Sahne mit Zucker, Vanille und Agar Agar in einem Topf verquirlen, erhitzen und auf kleiner Flamme 10 Minuten köcheln. Gelegentlich umrühren.
- In eine Schüssel oder Schälchen füllen und etwa 2–3 Stunden an einem kühlen Ort oder im Kühlschrank fest werden lassen.

Das passt dazu: Mit einem Fruchtspiegel, zum Beispiel aus frischen Erdbeeren oder einer fertigen Fruchtsauce servieren.

Tipp: Agar Agar ist ein tolles Geliermittel auf pflanzlicher Basis. Die Dosierung braucht jedoch Fingerspitzengefühl, Erfahrung oder eine Waage, die auch kleine Mengen abwiegen kann. Schon etwas zu viel von dem Pulver lässt diese köstliche Creme leicht zu fest werden. Falls das passieren sollte, am besten nochmals ausprobieren, das Resultat lohnt es.

Sesam-Salatdressing

Unser Lieblingsdressing

Für einen Salatkopf

geht schnell

🕐 5 Minuten

1 TL Tahin · 1 TL Honig · 2 EL Essig (nach Belieben: Genmai-Su-Reisessig, Weißweinessig oder Aceto balsamico) · 1 EL Sojasauce · 6 EL Sesamöl, nativ · Pfeffer

- Tahin, Honig, Essig und Sojasauce verrühren, bis sich das Tahin und der Honig gelöst haben.
- Mit dem Öl verquirlen, bis eine cremige Konsistenz entsteht. Das geht prima mit einem kleinen elektrischen Milchaufschäumer oder mit einem Schneebesen.
- Mit Pfeffer würzen und die Vinaigrette unter den Salat mischen. Nach Belieben abschmecken und servieren.

Das passt dazu: verschiedene Salate wie Eisbergsalat, Wirsing, Asia-Salate, Kopfsalat, aber auch gekochtes Gemüse, wie Blumenkohl, Brokkoli, Bohnen und Lauch

Süßer Sesamaufstrich

Einfach lecker

Für 4 Personen als Brotaufstrich

geht schnell

🕐 5 Minuten

4 EL Tahin (z. B. von lima) · 4 EL Reismalz (z. B. von Arche Naturküche)

- Tahin mit dem Reismalz gut verrühren. Wer es etwas süßer mag, kann den Anteil an Reismalz erhöhen oder je nach Gusto reduzieren.
- Mit getoastetem Brot servieren und genießen.

Variante: Statt Reismalz können Sie einen milden Honig verwenden.

Ein großer Anziehungspunkt vieler Bioläden ist die Gemüseabteilung mit saisonalen, regionalen und vielfältigen Gemüsesorten. Eine Gemüse-Welt voller Farben und Formen zeigt sich hier: gelb, grün, rot, weiß oder violett. Rund, länglich, oval. Gemüse macht Appetit und liefert eine Menge Vitamine, Mineralstoffe, Spurenelemente, Ballaststoffe und sekundäre Pflanzenstoffe, die zum Beispiel zur Immunabwehr positiv beitragen.

So vielfältig wie die Farben und Formen sind, so vielfältig sind auch die Arten und Sorten: Knollen- und Wurzelgemüse, Sprossengemüse, Lauchgewächse, frische Hülsenfrüchte, Kohlgewächse, Paprikagemüse, Fruchtgemüse, Kürbisgewächse, Salatgemüse.

Längst vorbei sind die Zeiten von schrumpeligem Bio-Gemüse. Sie erwarten makelloses Gemüse – und Sie bekommen es! Zum Glück gibt es bodenständige Läden, die auch mal den handelsunüblichen krummen Gurken eine Chance geben. Aus ökologischen und gesundheitlichen Gründen sollte Gemüse lokal oder aus der Region und entsprechend der Jahreszeit ausgewählt werden. Außerdem hat Gemüse der Saison ein gutes Preis-Leistungs-Verhältnis, die persönliche Ökobilanz profitiert ebenso davon. Bioläden waren

und sind oft Vorreiter, wenn es um ein regionales Angebot mit saisonaler Ausrichtung und „unüblicheren" Sorten geht. Vielfalt macht sich bemerkbar, sei es durch den direkten Bezug vom Erzeuger oder vom Großhandel, der regionale Sortimente bündelt und anbietet. Dem Ökolandbau ist es zu verdanken, dass viele fast vergessene Gemüse-Arten eine Art Renaissance erfahren haben und sich großer Beliebtheit auf den Tellern erfreuen.

Doch in der kalten Jahreszeit findet sich auch im Bioladen Gemüse, das einfach nicht in die Saison passt, das von weit hergeholt oder unter viel Energiebedarf erzeugt wurde, wie Tomaten und Gurken. Dabei gibt es im Herbst und Winter eine Fülle verschiedener heimischer Gemüsesorten, wie Rüben, Wurzeln, Kürbisse, Kohl, Feldsalat oder Chicorée. Achten Sie beim Einkauf doch einfach mal auf Saison und Herkunft und probieren Sie Unbekanntes aus. Sie werden überrascht sein, wie gut heimisches Gemüse schmeckt.

Saatgut und Samenfestigkeit

Früher war es gute landwirtschaftliche Tradition, dass Bauern einen Teil ihrer Ernte als Saatgut zurückbehielten, um es in der nächsten Saison wieder auszusäen. Dieser sogenannte Nachbau setzte samenfeste Sorten voraus. Samenfest sind

Sorten dann, wenn aus ihrem Saatgut Pflanzen wachsen, die dieselben Eigenschaften und Gestalt haben, wie deren Mutterpflanzen. Das bedeutet, die Sorten können natürlich vermehrt werden. Durch ihre Vermehrung werden sie erhalten.

Außerdem entstanden viele an Region und Klima angepasste Sorten. Doch nach Einschätzung der Welternährungsorganisation FAO gingen in den letzten 100 Jahren drei Viertel der noch um 1900 verfügbaren Sorten verloren. Besonders drastisch ist diese Entwicklung beim Gemüsesaatgut: Einige Sorten wie extra-süßer Zuckermais, Kohlrabi, Blumenkohl, Brokkoli, Rettich oder Chinakohl sind im Grunde nur noch als Hybriden auf dem Markt. Bei den meisten anderen in Deutschland gängigen Gemüsearten macht der Anteil der Hybridsorten mehr als 70% aus. Deshalb muss auch der ökologische Landbau in vielen Bereichen Hybridsorten einsetzen. Sogenannte Hybrid-Sorten bringen einen höheren Ertrag bei einheitlichem Aussehen. Allerdings: Die positiven Eigenschaften gelten nur für die Erstaussaat. Schon in der nächsten Generation geht der Ertrag deutlich zurück. Damit lassen sich Hybridpflanzen nicht nachbauen. Das Saatgut muss jährlich vom Züchter zugekauft werden. Dadurch können u. a. Abhängigkeiten von Saatgutkonzernen entstehen. Glücklicherweise setzen sich Bio-Züchter, -Gärtner und -Landwirte mit viel Arbeit und Engagement für den Erhalt und Ausbau samenfester und vielfältiger Sorten ein. Eine unterstützenswerte Arbeit – achten Sie beim Einkauf auf das Angebot samenfester Sorten. Zudem findet sich in Bioläden meist eine Auswahl an Bio-Saatgut für den eigenen Garten.

Ungewöhnliche Gemüsesorten

Eine persönliche Auswahl an wiederentdeckten, fast vergessenen und neuen Gemüsesorten, die Sie im Bioladen finden:

Asia-Salate

Asia-Salate sind verschiedene, meist als Blatt genutzte Gemüsearten, die aus dem asiatischen Raum stammen. Asia-Salate gibt es in den unterschiedlichsten Blattformen und Blattfarben. Die Färbung einzelner Sorten reicht von grün bis rot, der Geschmack von rucolaähnlich, kresseartig, über senfartig, scharfwürzig bis leicht kohlig mild.

Genutzt werden die jungen Blätter. Asia-Salate sind entweder roh als Salat, blanchiert oder gekocht empfehlenswert. Je nach Geschmack als Zugabe zu Schnittsalaten oder gedünstet als Beilage zu Fisch und Fleisch.

Mangold

Es gibt zahlreiche Sorten mit unterschiedlicher Blattfarbe: bleich, gelb, rot, hell- bis dunkelgrün. Grundsätzlich gibt es zwei Kulturformen: Stiel- oder Rippen-Mangold und Schnitt- oder Blatt-Mangold. Einige Formen mit gelben oder roten Blattstielen werden auch als Zierpflanzen verwendet.

Der Geschmack ähnelt dem des Spinats, ist jedoch würziger und nussiger. Besonders Pinienkerne, Walnüsse, Muskat und Knoblauch eignen sich als kulinarische Begleiter. Als feurige Variante empfehlen wir die Zugabe von Chiliflocken.

Stiele haben eine längere Garzeit, daher ist es empfehlenswert, die Stiele von den Blättern zu trennen und länger zu dünsten, erst später die Blätter dazugeben. Blanchiert kann Mangold eingefroren werden.

Mai- oder Navet-Rüben

Grob unterteilt man Speiserüben in Mairüben, Herbstrüben und Stielmus. Weiße Mairüben werden in Frankreich „Navets" genannt, daher findet sich im Bioladen öfters der Begriff Navette-Rübchen. Sie ist weiß und kugelförmig und in der Regel mild im Geschmack.

WISSEN

Samenfeste Karotten-Sorten

Im Bioladen sind sie verstärkt zu finden: samenfeste Karotten-Sorten mit wohlklingenden Namen wie Milan, Robila oder Rodelika.

Milan. Leuchtend orange Schale, angenehmer, runder saftig-frischer Geschmack. Besonders als Salat zu empfehlen – geraspelt oder in dünnen Scheiben.

Robila. Ausgeprägt süßer, karottentypischer, nussig-milder Geschmack. Besonders für Püree, Suppen und als Rohkost geeignet.

Rodelika. Intensiv orangerote Farbe, kräftiger, süßaromatischer Geschmack. Besonders für Säfte geeignet, aber auch in Aufläufen, Suppen, Bratlingen und als Beilage zu verwenden.

Die weiße Mairübe ist die zarteste unter den Speiserüben und sehr vielseitig verwendbar. Die Zubereitung ist einfach und unkompliziert. Kurz gegart oder langsam geschmort werden Mairüben besonders gerne in Butter und etwas Salz glasiert. Die Mairübe liefert zwei nutzbare Teile, denn die jungen Blätter können ebenfalls gegessen werden. Man bereitet sie wie Spinat zu.

Pastinaken

Pastinaken zählten bis Mitte des 18. Jahrhunderts zu den wichtigsten Grundnahrungsmitteln in Deutschland. Trotz Verwandtschaft ist sie nicht zu verwechseln mit der Petersilienwurzel. Das cremeweiße Wintergemüse ist angenehm würzig und leicht süßlich im Geschmack.

In der Zubereitung ist die Pastinake unkompliziert. Beim Kauf eher kleine und mittelgroße Wurzeln auswählen, weil große Wurzeln im Innern leicht holzig sind. Sie eignen sich für Suppen, als Püree oder zu Schmorgerichten. Roh gehobelt oder geraspelt sind sie als Salat zu empfehlen. Junge Blätter sind gut geeignet zum Würzen von Salaten oder Suppen. Der süßliche Geschmack macht die Pastinake bei Kindern beliebt, z.B. als Babybrei oder als Breibeilage zu Schmorgerichten. Eine tolle Wiederentdeckung eines vielfältig einsetzbaren Gemüse.

Romanesco

Der Romanesco wird zum Kohlgemüse gezählt und kann seine enge Verwandtschaft mit dem weißen Blumenkohl kaum verleugnen. Er besteht aus vielen kleinen gelb-grünen „Türmchen".

Romanesco ist einerseits aromatischer, andererseits aber auch unaufdringlicher und milder im Geschmack als Blumenkohl. Romanesco empfiehlt sich als Salat, frittiert, gedämpft oder gekocht. Um die schöne grüne Farbe zu erhalten, einfach in das gesalzene Kochwasser zusätzlich etwas Zucker und Zitronensaft geben. Eine Romanesco-Quiche überrascht auch optisch Ihre Gäste.

Rondini-Kürbis

Rondini-Kürbisse stammen ursprünglich aus Südafrika, sie werden aber seit einigen Jahren auch bei uns mit wachsendem Erfolg kultiviert und angeboten. Rondini sind kleine, runde und meist dunkelgrüne Kürbisse, die äußerlich der Zucchini ähnlich sind. Sie eignen sich besonders gut als Vorspeise oder separate Beilage.

Rondini-Kürbisse werden in der Regel im Ganzen zubereitet. Die Schale ist nicht essbar. Rondini mit einer Nadel mehrmals einstechen, damit sie beim

Kochen nicht platzen, und in kochendem Salzwasser in etwa 15–20 Minuten weich kochen. Anschließend halbieren und von den Kernen befreien. Das Fruchtfleisch kann einfach herausgelöffelt und verzehrt werden, verfeinert mit einigen Tropfen frischem Zitronensaft, etwas Olivenöl oder Butter und einer Prise Salz.

Süßkartoffeln

Süßkartoffeln, auch Batate genannt, sind zwar Knollen, aber sie sind mit der Kartoffel nur entfernt verwandt. Die weiße Variante hat eine cremefarbene Haut und helles Fleisch, die rotfleischigen Knollen sind hinsichtlich der Kocheigenschaften und des Aromas besser. Der süßliche Geschmack beruht auf dem hohen Gehalt an Zucker.

Süßkartoffeln lassen sich kochen, backen, frittieren, überbacken, pürieren oder braten, als Gemüsebeilage oder als Zutat für Suppen und Aufläufe verwenden. Auch in Süßspeisen, Plätzchen und Kuchen schmecken sie gut.

Topinambur

Der Topinambur stammt aus Nord- und Mittelamerika und ist ein entfernter Verwandter der Sonnenblume. In Europa wurde die Knolle Mitte des 18. Jahrhunderts weitgehend von der Kartoffel verdrängt. An den Wurzeln des Topinamburs bilden sich wie bei der Kartoffel jeweils kleine bis mittelgroße Knollen. Der Geschmack der Topinambur-Knollen ist süßlich, nussartig.

Die Knollen werden wie Kartoffeln zubereitet. Man verwendet sie für Suppen, Schmorgerichte oder Gratins. Die Knolle kann sowohl roh in hauchdünnen Scheiben in Salaten als auch in Salzwasser gekocht verzehrt werden. Sie lässt sich nach dem Blanchieren leicht schälen. Topinambure können auch püriert, paniert und ausgebacken werden.

Gemüsevielfalt mit PS

Ein Anblick wie aus vergangenen Tagen: Die Warmblüter-Pferde Geri und Umsi bearbeiten die Gemüsebeete des Biohofs Bohne. Den Hof in Königsfeld bewirtschaftet das Ehepaar Synke und Kay Bohne auch mithilfe der Pferdekraft. Der Familienbetrieb im sächsischen Hügelland zwischen Leipzig und Chemnitz bietet regionale Direktvermarktung mit einem breitem Gemüsesortiment an.

▼ Auf dem Biohof der Familie Bohne sind echte Pferdestärken eine umweltfreundliche und besonders bodenschonende Alternative zum dieselbetriebenen Maschineneinsatz. Das Futter für die Pferde und für die weiteren Nutztiere stammt vom eigenen Hof.

Die landwirtschaftliche Tradition der Familie Bohne zu hat zu DDR-Zeiten 30 Jahre lang brach gelegen. „Mein Großvater hatte Landwirtschaft betrieben, aber durch die damalige Kollektivierung kam leider die industrielle Landwirtschaft zu uns", erinnert sich Kay Bohne. Nach der Wende musste ein Neuanfang her.

Synke und Kay Bohne lernten sich während des Landwirtschaft-Studiums kennen und für sie war klar, dass sie die

bäuerliche Tradition gemeinsam wiederbeleben wollten. Im Jahr 1994 gründete das Ehepaar den Betrieb auf der alten Hofstelle von Kay Bohnes Großvater neu, auf zunächst knapp 2 Hektar Fläche. Die jetzige Hofstelle erwarben sie 1998, da die alte zu klein wurde. Neben fünf Mutterkühen mit Nachzucht und Bullen halten sie einige Hühner und Pferde. Mittlerweile bewirtschaftet der Betrieb gute 20 Hektar mit Getreide und Grünland sowie auf 2 Hektar Kartoffeln und auf 3 Hektar Gemüse im Freiland und Folienhaus, außerdem 50 Hektar Wald. Eine optimale Kreislaufwirtschaft wird durch den Anbau von Gemüse, Getreide, Kartoffeln und Kleegras in Verbindung mit der Tierhaltung ermöglicht. Das Ziel: möglichst wenige Betriebsmittel zukaufen. Das Futter für die Tiere wird auf dem Betrieb erzeugt, die Gemüseabfälle durch die Tiere verwertet und Dünger in Form von Stallmist für die Felder bereitgestellt.

„Wir wollten von Anfang an als Bio-Betrieb wirtschaften", sagt Kay Bohne, dessen Betrieb beim Bio-Verband Gäa zertifiziert ist. Die Gründe dafür sind vielfältig: Ökolandbau als Alternative zur Produktion von austauschbarer

Massenware aus ausgeräumter, ökologisch wertloser Landschaft. Nachhaltige Wirtschaftsweise, die auf ökologisches Gleichgewicht setzt, den Boden schont, und gesunde Lebensmittel produziert. Verzicht auf chemisch-synthetische Pflanzenschutzmittel und Dünger, Verzicht auf Gentechnik. Nicht zuletzt die „Grundüberzeugung, dass es auch in der Gegenwart möglich ist, den bäuerlichen Beruf im Einklang mit der Natur auszuüben", ist sich Synke Bohne sicher.

Zuerst die Pferdestärken, dann das Gemüse

Im Einklang mit der Natur bedeutet für die Familie Bohne auch eine schonende Bodenbearbeitung. Ihre Lösung: der Einsatz von Arbeitspferden als eine umweltfreundliche und zugleich bodenschonende Alternative für die schwierigen Bodenverhältnisse der Region. „Dadurch sind wir erst zum Gemüse gekommen", erinnert sich Kay Bohne. „Wir arbeiten gerne mit den Tieren und das lohnt sich bei unserer Betriebsgröße". Für die Grundbodenbearbeitung kommt der Schlepper zum Einsatz. Trotz der vorhandenen Technik haben sich die Bohnes ansonsten für den Pferdeeinsatz entschieden. Die vierbeinigen Pferdestärken sind laut Kay Bohne in der Gemüsepflege „garantiert flexibler bei den vielfältigen Gemüsesorten als das Verwenden von Bio-Diesel".

Bohnes betreiben sowohl Landwirtschaft als auch den Anbau gärtnerischer Kulturen: vom Wurzelgemüse über Kohlgemüse, Gurken, Tomaten und Zuckermais, über verschiedene Kürbisse bis hin zu einer Vielzahl von Kräutern und Salaten. In ihrem Ab-Hof-Verkauf und über Gemüse-Abokisten finden sich auch Zukäufe von regionalen Berufskollegen.

Mit Spezialitäten punkten

Als Spezialitäten bauen die Bohnes unter anderem Topinambur und Mairübchen an, die Bioläden der Umgebung, zum Beispiel in Leipzig, vertreiben. „Mit ihnen können wir als kleiner Betrieb Nischen besetzen", sagt Synke Bohne. Der Kunde findet auch im Winter eigene Frischerzeugnisse, wie Chicorée aus der eigenen Treiberei. Entscheidend für einen schönen Chicorée-Spross ist die Qualität der Wurzeln. Diese werden zwar nicht gegessen, aber die Leistungsstärke der Wurzel hat direkten Einfluss auf den Spross. Ebenso beliebt im Winter ist das selbstgemachte Sauerkraut. Der Handel nimmt vorzugsweise die kleinen Krautköpfe ab. Daher suchte das Paar nach einer sinnvollen und gesunden Nutzung der größeren Köpfe. „Eine Arbeit für die etwas ruhigere Zeit", schmunzelt Kay Bohne.

▲ Die vierbeinigen Pferdestärken lassen sich in der Gemüsepflege flexibel einsetzen, echte Erntehelfer für Synke (Bild) und Kay Bohne.

Cremige Rübensuppe mit geröstetem Pumpernickel

Fruchtig und erdig zugleich

Für 4 Personen als Vorspeise
schön für Gäste
🕐 10 Minuten + 20 Minuten Kochzeit

300 g Navet-Rübchen · 200 g mehligkochende Kartoffeln (z. B. Ackersegen) · 1 Stück Ingwer, etwa 1 cm · 1 Knoblauchzehe · 5 EL Rapskernöl · 1 TL Currypulver indisch (z. B. von Lebensbaum) · 100 ml Mango Fruchtsauce (z. B. von Allos) · 400 ml Brühe · 2 Scheiben Pumpernickel à 50 g (z. B. von Davert) · ½ Bund Schnittlauch · Salz · Pfeffer · 150 g Sahne · 1 EL Mohnöl (z. B. von Ölmühle Solling)

- Rübchen schälen und mittelgrob würfeln. Kartoffeln schälen, waschen und ebenfalls mittelgrob würfeln. Ingwer schälen und fein hacken. Knoblauch abziehen und fein würfeln.
- In 4 Esslöffel Rapskernöl zuerst die Rübchen- und Kartoffelwürfel 2–3 Minuten andünsten. Dann Ingwer und Knoblauch zufügen und mit andünsten. Currypulver einstreuen und gut vermischen, anschwitzen lassen.
- Die Fruchtsauce dazugeben und mit Brühe ablöschen. Bei geschlossenem Deckel auf mittlerer Hitze etwa 20 Minuten köcheln.
- Zwischenzeitlich die Pumpernickelscheiben mit den Fingern fein zerbröseln und in ein Esslöffel Rapskernöl rösten. Schnittlauch waschen, trocken schütteln und in Röllchen fein hacken.
- Die Suppe pürieren und nochmals kurz aufkochen lassen. Mit Salz und Pfeffer abschmecken.
- Die Sahne halbsteif aufschlagen und unter die Suppe rühren. Mit Mohnöl beträufeln. Geröstete Pumpernickel-Brösel und Schnittlauch-Röllchen zu der heißen Suppe servieren.

Fruchtige Tomatensuppe mit Gin

Mit dem gewissen Pfiff

Für 4 Personen als Vorspeise
gelingt leicht
🕐 25 Minuten

UNSER REZEPT
TOP TEN

1 große Gemüsezwiebel · 1 TL Rapadura-Zucker (z. B. von Rapunzel) · 1 EL Ghee · 1 Lorbeerblatt · 1 Msp. Oregano, getrocknet · 2 EL Mehl · 700 g Polpa oder Passata · 400 ml Gemüsebrühe · 6 EL Gin (z. B. von The Duke) · Salz · Pfeffer · 100 g Sahne · Basilikumblätter

- Die Zwiebel abziehen und fein würfeln. Den Zucker in einer heißen Pfanne leicht karamellisieren lassen.
- Ghee zugeben und die Zwiebelwürfel mit dem Lorbeerblatt und dem Oregano leicht andünsten, mit Mehl stäuben und weiter anschwitzen lassen.
- Tomaten zugeben und mit Brühe ablöschen. Unter mehrmaligem Rühren etwa 10 Minuten köcheln.
- Das Lorbeerblatt aus der Suppe herausnehmen. Die Suppe pürieren. Gin zufügen und nochmals kurz aufkochen lassen. Mit Salz und Pfeffer abschmecken.
- Die Sahne halbsteif aufschlagen und unter die Suppe rühren. Basilikum waschen, trocken schütteln und fein hacken. Zu der heißen Suppe servieren.

Fruchtige Tomaten-
suppe mit Gin

Gemüse

Rote-Bete-Consommé

Wärmt von innen

Für 4 Personen als Vorspeise
gut vorzubereiten
🕐 40 Minuten

600 g Rote Bete · 1 mittelgroße Karotte · 1 Stück Sellerie (etwa 120 g) · 3 cm frischer Kurkuma oder 2 Msp. Kurkumapulver · 1 EL Olivenöl · ½ Sternanis · 3 Scheiben Ingwer · 1 EL Mehl · 1 l Gemüsebrühe · 2–3 Scheiben Zitrone · Salz · Sauerrahm · Backerbsen nach Belieben (z. B. von Pural)

- Das Gemüse waschen. 400 g der Roten Bete, die Karotte und der Sellerie müssen nicht unbedingt geschält werden, jedoch holzige Stellen, Selleriewurzeln und Blattansätze entfernen. Dann das Gemüse grob raspeln. Bei Verwendung von frischem Kurkuma diesen schälen und fein raspeln (färbt die Hände stark gelb, besser Einmalhandschuhe tragen, auch bei Roter Bete zu empfehlen).
- Olivenöl erhitzen, Sternanis, Kurkuma und Ingwer ½ Minute anbraten, dann das geraspelte Gemüse und Mehl zufügen und 3–4 Minuten kräftig anbraten. Mit der Gemüsebrühe aufgießen und etwa 20 Minuten auf kleiner Flamme ziehen lassen.
- Die verbleibenden 200 g Rote Bete waschen und schälen. Je nach Größe halbieren oder vierteln und in dünne Scheiben schneiden.
- Die Suppe durch ein Sieb gießen, das Gemüse leicht ausdrücken und wegwerfen.
- In der Consommé die Rote-Bete-Scheiben etwa 10 Minuten kochen (abhängig davon, wie dünn sie geschnitten wurden). Dann die Zitronenscheiben zufügen und die Suppe 2–3 Minuten ziehen lassen. Mit Salz abschmecken.
- Die Suppe auf Teller verteilen, mit Sauerrahm garnieren und mit Backerbsen servieren.

Süß-herber Radicchio mit überbackenem Ziegenkäse

Macht Appetit auf Mehr!

Für 4 Personen als Vorspeise
schön für Gäste
🕐 20 Minuten

Ziegenkäse: 300 g Ziegenfrischkäse in der Rolle · Butter zum Einfetten · ¼ TL Rosmarin, gemahlen · ¼ TL Thymian, gemahlen · 1 Prise Galgant, gemahlen · Pfeffer · 1 EL Edelkastanienhonig
Radicchio: 2 Radicchio di Treviso bzw. 500 g Radicchio · ½ TL Mascobado-Zucker · 2 EL Olivenöl · 1 EL Ghee · 2 EL Apfel-Balsamico-Essig · Salz · Pfeffer

- Den Backofen auf 190 °C (Umluft: 170 °C) vorheizen.
- Ziegenkäse in 8 Scheiben schneiden und auf ein mit Butter eingefettetes Backblech legen. Mit den Gewürzen bestreuen.
- Im Backofen auf der oberen Schiene etwa 10 Minuten überbacken.
- Zwischenzeitlich den Radicchio waschen, gut trocken schütteln und längs vierteln oder achteln (je nach Größe). Dabei den Strunk nicht wegschneiden, damit die Viertel zusammenhalten.
- Eine Pfanne erhitzen und den Mascobado-Zucker leicht karamellisieren lassen. Öl und Ghee zufügen.
- Radicchio auf beiden Seiten je 1–2 Minuten anbraten. Mit Apfel-Balsamico ablöschen. Hitze zurückschalten, einreduzieren und gar ziehen lassen. Mit Salz und Pfeffer abschmecken.
- Den Ziegenkäse aus dem Ofen nehmen und noch warm mit Honig bestreichen.
- Den Radicchio auf Teller verteilen und die Ziegenkäse-Scheiben dazu servieren.

Gebratener Chicorée im Schinkenmantel

Zum Sich-Einwickeln!

Für 4 Personen als Vorspeise
gut vorzubereiten
🕐 35 Minuten

1 Mango · 4 mittelgroße Chicorée · Öl zum Braten ·
Pfeffer · 8 Scheiben geräucherter Schinken oder
Speck, dünn geschnitten · 4–8 Scheiben Baguette

- Mango waschen und der Länge nach halbieren. Dazu um den Kern herumschneiden und
die Mangohälften vorsichtig auseinandernehmen-
men. Sofern der Kern die beiden Hälften noch
zusammenhält, geht das drehend am besten.
Die Hälfte, in der der Kern steckt, nochmals
der Länge nach halbieren, so lässt sich der Kern
recht gut entfernen. Fruchtfleisch der Länge
nach in Streifen schneiden.
- Chicorée waschen, putzen und halbieren. In einer Pfanne in wenig heißem Öl 2 Minuten von
jeder Seite anbraten, der Chicorée darf leicht
glasig werden, anschließend gut pfeffern. Zur
Seite stellen und abkühlen lassen. Salzen kann
entfallen, da der Schinken würzig genug ist.
- Jede Chicoréehälfte mit 1–2 Mangostreifen belegen und mit Schinken umwickeln.
- In der Pfanne ohne weiteres Öl von allen Seiten
knusprig anbraten und am besten gleich mit
1–2 Scheiben Baguette servieren.

Verführerisches Caponata-Gemüse

Ob kalt oder warm – einfach köstlich!

Für 4 Personen als Beilage oder Vorspeise
schön für Gäste
🕐 40 Minuten

2 große Auberginen · Salz · 1 große rote Zwiebel ·
2 Knoblauchzehen · 1 Stange Sellerie · 4 große
Tomaten · 2 EL schwarze Oliven, entsteint ·
2 EL Olivenöl · 1 EL Rohrzucker · 1 TL Oregano ·
1 EL Kaperncreme (z. B. von LaSelva) · 2 EL Kräuter-
essig · 1 Bund Petersilie · 1 EL Walnüsse · 2 TL Kakaopulver · Pfeffer

- Auberginen waschen, trocknen und grob würfeln. Die Würfel mit Salz vermischen und auf
Küchenkrepp verteilen. Mit einem Teller etwa
10 Minuten beschweren.
- Zwiebel und Knoblauch abziehen und fein
würfeln. Stangensellerie waschen, gegebenenfalls schälen und in dünne Scheiben schneiden.
Tomaten mit kochendem Wasser überbrühen,
abziehen und würfeln. Oliven klein hacken.
- Auberginen-Würfel trocken tupfen und in Öl
bei mittlerer Hitze weich dünsten. Zucker einstreuen und leicht karamellisieren lassen. Die
vorgeschnittenen Gemüse-Zutaten, Oliven, Oregano und Kaperncreme zugeben und gemeinsam etwa 7 Minuten garen. Mit Essig ablöschen
und 15 Minuten bei kleiner Hitze und geschlossenem Deckel köcheln lassen. Falls zu wenig
Flüssigkeit da ist, etwas Wasser hinzufügen
(sollte aber nicht allzu flüssig werden).
- Zwischenzeitlich die Petersilie waschen, trocken schütteln und fein hacken. Walnüsse
ebenso fein hacken. 5 Minuten vor Garende die
Petersilie und Walnüsse sowie das Kakaopulver
zugeben und verrühren. Mit Salz und Pfeffer
abschmecken.

Lauwarmer Rosenkohlsalat mit Ume-Würze

Überraschend und einfach

Für 4 Personen als Beilage
gut vorzubereiten
🕐 20 Minuten + 10 Minuten ziehen lassen

500 g Rosenkohl · ½ Bund Petersilie ·
6 EL Olivenöl · 2 EL Ume Su-Aprikosenwürze ·
1 EL Sojasauce

- Den Rosenkohl putzen, waschen und halbieren. Wasser zum Kochen bringen, salzen und den Rosenkohl darin 3 Minuten blanchieren. Die Blanchierzeit ist abhängig von der Größe der Rosenkohlröschen. Sie sollten gar, aber noch frischgrün und knackig sein.
- Den blanchierten Rosenkohl mit kaltem Wasser abschrecken, in einem Sieb abtropfen lassen und in eine Schüssel mit Deckel geben.
- Petersilie waschen, trocken schütteln und fein hacken.
- Olivenöl, Ume Su und Sojasauce verquirlen und zusammen mit der Petersilie über den Rosenkohl geben. Mischen und 10 Minuten durchziehen lassen. Anschließend den Rosenkohlsalat servieren.

Tipp: Der Geschmack des Rosenkohls harmoniert sehr gut mit der fruchtig-salzigen Würze der Ume-Su-Aprikosenwürze. Eine Geschmackskombination, die auszuprobieren sich lohnt!

Gebratener Fenchel mit Balsamico-Sauce

Ein süß-herber Geschmackskontrast

Für 4 Personen als Beilage
gelingt leicht
🕐 30 Minuten

3–4 Fenchel · 4 EL Bratöl · 1 Handvoll Walnusskerne · 3 TL Mascobadozucker oder heller Zucker · 2 EL Sojasauce · 2 EL Crema di Balsamico

- Fenchel waschen und putzen. Die äußeren Blätter und bei Bedarf die Triebe mit dem Sparschäler schälen. Beides in Wuchsrichtung in sehr dünne Scheiben schneiden. Das Fenchelgrün hacken und für die spätere Verwendung beiseitelegen.
- Öl in einer großen Pfanne erhitzen. Fenchel anbraten, bis er leicht Farbe annimmt und glasig wird.
- Walnüsse und Zucker zufügen und leicht karamellisieren lassen. Die Pfanne vom Herd nehmen. Zuerst die Sojasauce, dann die Crema di Balsamico zugeben. Alles gut miteinander mischen und 2 Minuten durchziehen lassen. Mit Fenchelgrün garnieren.

Das passt dazu: Buchweizen mit Zitronen-Note (siehe S. 50)

Gebratener Fenchel
mit Balsamico-Sauce

Schwarzer Rettich-Salat

Mit karamellisierten Kürbiskernen

Für 4 Personen als Beilage
geht schnell
🕐 20 Minuten

3–4 schwarze Rettiche · ½ Bund Petersilie ·
4 EL Joghurt, natur · 3 EL Zitronensaft · 1 EL Sonnenblumenöl · 1 EL Leindotteröl · 1 Prise Zucker
oder 1 TL Ahornsirup · Salz · Pfeffer · 1 EL Mascobadozucker · 2 EL Kürbiskerne

- Die Rettiche schälen und waschen, anschließend grob raspeln. Petersilie waschen, trocken
  schütteln und fein hacken.
- Für die Marinade Joghurt mit Zitronensaft, den
  Ölen, Zucker, Salz und Pfeffer vermischen und
  unter Rettich und Petersilie mischen.
- Mascobadozucker in eine Pfanne geben und bei
  mittlerer Temperatur erhitzen, bis er sich verflüssigt hat. Kürbiskerne zugeben und eine Minute schwenken. Kerne über den Salat verteilen
  und servieren.

Variante: Statt Joghurt können Sie für die Marinade auch Sahne verwenden.

Tipp: Schwarzen Rettich, wie herkömmlichen
Rettich auch, kann man in ein wenig Butter
weich dünsten, mit Salz und Pfeffer würzen
und als Gemüsebeilage servieren.

Grüner Spargel mit Kartoffel-dressing

Spargel und Kartoffeln in herrlicher Harmonie

Für 4 Personen als Beilage
gelingt leicht
🕐 10 Minuten + 30 Minuten Kochzeit für
Kartoffeln und Spargel

2 kleine festkochende Kartoffeln (z. B. Rosella) ·
1 kg grüner Spargel · 750 ml Wasser · Salz ·
½ TL Zucker · 1 EL Butter · 1 Schalotte · 4 EL Olivenöl · 150 ml Gemüsebrühe · 1 EL Himbeer-Essig ·
1 EL Walnuss-Öl · Salz · Pfeffer

- Kartoffeln waschen und mit der Schale in wenig Wasser in 20–25 Minuten weich kochen.
- Grünen Spargel waschen, die unteren Enden
  abschneiden. In einem Sud aus Wasser mit
  ½ Teelöffel Salz, Zucker und Butter in etwa 5–8
  Minuten bissfest kochen. Herausnehmen und
  abtropfen lassen.
- In der Zwischenzeit die Schalotte abziehen und
  klein würfeln. In Öl leicht glasig andünsten.
- Die Kartoffeln pellen und noch lauwarm mit einer Gabel zerdrücken. Die gedünstete Schalotte
  mit Olivenöl und Gemüsebrühe dazugeben und
  mit einem Pürierstab kurz aufmixen. Anschließend mit Essig und Öl verrühren und mit Salz
  und Pfeffer abschmecken.
- Den Spargel leicht pfeffern und das Kartoffel-
  dressing dazu servieren.

Tipp: Die Energie gleich mitnutzen: Ein paar
Kartoffeln mehr kochen und für weitere Gerichte verwenden.

Knusprige Topinambur-Puffer

Puffer – einmal nicht aus Kartoffeln

Für 4 Personen als Beilage – ergibt 16 Puffer
gelingt leicht
⏱ 25 Minuten

400 g Topinambur · 1 EL Limettensaft · 1 Schalotte · 1 Ei · 2 EL Mehl 1050 · Salz · Pfeffer · Bratöl

- Topinambur schälen und grob reiben. Anschließend gleich mit Limettensaft vermischen.
- Die Schalotte abziehen und sehr fein würfeln.
- Das Ei in einer Schüssel aufschlagen und mit der Gabel verquirlen. Schalottenwürfel, geriebene Topinambur und Mehl hinzufügen. Alle Zutaten gut vermengen. Mit Salz und Pfeffer würzen.
- Öl in einer Pfanne erhitzen. Portionsweise Topinambur-Teig auf die Hand nehmen und zu Puffern etwas zusammendrücken. In der Pfanne flach drücken und bei mittlerer Hitze 4–5 Minuten pro Seite goldbraun braten.
- Topinambur-Puffer auf Küchenkrepp abtropfen lassen und servieren.

Knusprige Sellerie-Ecken

Als Pausensnack oder knusprige Beilage

Für 4 Personen als Beilage
das lieben Kinder
⏱ 25 Minuten

800 g Sellerieknollen · 2 Eier · 1 Msp. Muskat, gemahlen · 1 EL Milch · 2 EL Walnüsse, gemahlen · 2 EL Paniermehl · 2 EL Mehl · Salz · Pfeffer · Bratöl

- Sellerieknollen gegebenenfalls waschen und schälen. In etwa ½ cm dicke Scheiben schneiden und anschließend in Ecken vierteln. In reichlich Wasser bissfest garen.
- In der Zwischenzeit die Eier in einem flachen Teller verquirlen. Muskat und Milch zufügen und verrühren. Walnüsse mit Paniermehl in einem zweiten Teller gut vermischen. Mehl in einem dritten Teller vorbereiten.
- Die bissfesten Sellerie-Ecken gut abtropfen lassen. Mit Salz und Pfeffer würzen. Die Ecken erst im Mehl, dann im verquirltem Ei und zuletzt in der Paniermischung wenden.
- Öl in einer Pfanne erhitzen. Die panierten Sellerie-Ecken bei mittlerer Hitze auf beiden Seiten je 3–4 Minuten goldbraun und knusprig backen.

Das passt dazu: Sojasauce (z. B. von Terrasana) oder Teriyaki-Sauce (z. B. von Suzy's) zum Dippen. Kinder lieben dazu Kinderketchup (z. B. von bruno fischer oder Zwergenwiese).

Tipp: Sellerie-Ecken sind auch ein willkommener kalter Snack für zwischendurch.

Gegarte Rondini
mit Gremolata und
Butterflöckchen

Romanesco in Currysauce

Orientalisch im Geschmack

Für 4 Personen als Beilage
gut vorzubereiten
⏱ 30 Minuten

1 Romanesco-Kohl (etwa 500 g) · etwa 350 ml Gemüsebrühe · 1,5 EL Butter oder Ghee · 2 EL Mehl · 1 TL Curry · 1 EL Tahin · 6 EL Sahne · Salz · Pfeffer · Petersilie

- Den Romanesco in Röschen zerteilen, waschen und putzen. In wenig Wasser 5 Minuten bissfest blanchieren. Das verbleibende Blanchierwasser mit der Gemüsebrühe auffüllen, insgesamt sollten es etwa 350 Milliliter ergeben.
- Das Fett in einem Topf erhitzen und darin das Mehl mit dem Curry kurz anschwitzen. Die Gemüsebrühe (diese sollte kalt sein) nach und nach angießen. Dabei kräftig rühren, damit keine Klümpchen entstehen.
- Die Sauce ein paar Minuten einköcheln lassen. Mit Tahin und Sahne verfeinern und mit Salz und Pfeffer abschmecken. Die Romanesco-Röschen in der Sauce erwärmen.
- Die Petersilie waschen, trocken schütteln, fein hacken und über das Gemüse streuen.

Variante: Die Currysauce passt auch zu Rosenkohl, Blumenkohl oder Brokkoli. Ein kleiner Spritzer Zitronensaft (oder Salzzitronen, siehe S. 184) gibt der Sauce eine erfrischende Note.

Gegarte Rondini mit Gremolata und Butterflöckchen

Delikate Überraschungs-Kugeln

Für 4 Personen als Beilage
preisgünstig
⏱ 30 Minuten

4 Rondini-Kürbisse · ½ Bund Petersilie · 1 kleine Knoblauchzehe · ½ Zitrone · Salz · Pfeffer · 2 EL Butter

- Rondini mit einer Nadel mehrmals einstechen und etwa 20 Minuten in kochendem Salzwasser garen. Achtung: Ohne Einstechen platzen die Kürbisse.
- Für die Gremolata die Petersilie waschen, trocken schütteln und fein hacken. Die Knoblauchzehe abziehen und fein würfeln. Die Zitrone waschen, die Schale dünn abschneiden und fein hacken. Alle Zutaten miteinander vermischen. Mit Salz und Pfeffer würzen.
- Die Kürbisse aus dem Wasser nehmen und etwas abkühlen lassen. Die Deckel abschneiden und die Kerne entfernen. Anschließend das Kürbisfleisch etwas lockern und jeweils mit einem Viertel der Gremolata vermischen, mit Butterflöckchen belegen. Jeden Rondini-Kürbis so vorbereiten und servieren.

Das passt dazu: Gekochte Kartoffeln und ein saftiger Karottensalat.

Gebackene Steckrübenpommes

Pommes mal anders

Für 4 Personen als Beilage
preisgünstig
⊘ 20 Minuten + 50 Minuten Backzeit

1 kg Steckrüben · 5 EL Öl · 150 ml Gemüsebrühe ·
1 TL getrockneter Thymian · Salz · Pfeffer

- Steckrüben waschen und schälen. Rüben in
  1 cm dicke Scheiben und diese in 1 cm breite
  Stifte schneiden.
- Das Gemüse in eine ofenfeste Form geben. Mit
  Öl, Gemüsebrühe, Thymian, Salz und Pfeffer
  würzen und gut vermengen.
- Den Backofen auf 200 °C (Umluft: 180 °C) einstellen, Vorheizen entfällt. Steckrüben auf der
  unteren Schiene 40–50 Minuten backen, dabei
  gelegentlich wenden.

Das passt dazu: Kartoffelspieße mit Petersilienpesto (siehe S. 90)

Tipp: Für Rübenpommes eignen sich ebenso
Mairübchen (entspricht der Navet-Rübe) oder
Teltower Rübchen.

Spargel-Kartoffel-Auflauf

Mit einem Hauch Muskat und Speck

Für 4 Personen als Hauptspeise
gelingt leicht
⊘ 35 Minuten + 45 Minuten Backzeit

1,2 kg vorwiegend festkochende Kartoffeln
(z. B. La Bonnotte oder Desiree) · 1 kg weißer
Spargel · Salz · 150 g Butter · 120 g Speck ·
100 g Rucola · 3 Msp. Muskat

- Die Kartoffeln schälen, waschen und 20 Minuten dämpfen.
- In der Zwischenzeit den Spargel waschen, putzen und schälen. Die Spargelstangen je nach
  Länge dritteln oder vierteln. Die Kartoffeln in
  dicke Scheiben schneiden, mit dem Spargel in
  eine Auflaufform schichten und salzen. Die Butter schmelzen lassen und gleichmäßig über das
  Gemüse verteilen, leicht salzen. Die Form mit
  Alufolie bedecken.
- Den Backofen auf 200 °C (Umluft: 180 °C) vorheizen. Auflauf auf der unteren Schiene etwa
  45 Minuten backen. Gelegentlich das Gemüse
  wenden.
- Während der Auflauf im Ofen ist, den Speck
  in kleine Würfel schneiden und bei mittlerer
  Temperatur auslassen. Den Rucola waschen,
  trocken schütteln und fein hacken. Mit dem
  abgekühlten Speck vermischen und mit Muskat würzen. Sobald der Auflauf auf dem Ofen
  kommt, die Speck-Rucola-Mischung darüber
  verteilen und servieren.

Tipp: Aus den Spargelschalen können Sie einen
Sud kochen, mit Mehl binden und mit Sahne
verfeinert eine Spargelcremesuppe zubereiten.

Herzhafter Erntedankeintopf

Dem Herbst sei Dank!

Für 4 Personen als Hauptspeise
das lieben Kinder
🕐 15 Minuten + 35 Minuten Kochzeit

800 g Hokkaido-Kürbis · 600 g mehligkochende Kartoffeln (z. B. Jubel) · 200 g Karotten · 200 g Zwiebeln oder Gemüsezwiebeln · 100 g Lauch · 2 Knoblauchzehen · 5 EL Öl zum Braten · 2 Lorbeerblätter · Pfeffer · 1 l Gemüsebrühe · ½ TL Majoran, getrocknet · Salz · 200 g Sauerrahm

- Kürbis waschen, halbieren, Kerne entfernen und in kleine Würfel schneiden. Kartoffeln bei Bedarf von Erde befreien, schälen, waschen und ebenfalls in kleine Würfel schneiden. Karotten waschen, schälen und in dünnere Scheiben schneiden. Zwiebeln abziehen und klein würfeln. Lauch waschen, der Länge nach halbieren und in schmale Ringe schneiden. Knoblauch abziehen und klein würfeln.
- Öl in einem großen Topf erhitzen. Zwiebeln glasig dünsten, dann Kürbis, Kartoffeln, Karotten, Lorbeerblätter und Pfeffer ein paar Minuten mitbraten, dabei gut umrühren. Brühe zufügen und auf kleiner Hitze 30 Minuten köcheln.
- Lauch, Knoblauch und Majoran zugeben und weitere 5 Minuten köcheln. Mit Salz und Pfeffer abschmecken. Lorbeerblätter entfernen.
- Auf Teller verteilen und mit einem Klecks Sauerrahm servieren.

Tipp: Hokkaido-Kürbis muss nicht geschält werden, hier kann die Schale mitgegessen werden. Alle anderen Kürbisse werden in der Regel geschält.

Kürbisauflauf mit Haselnuss-Sesam-Topping

Genau richtig für Herbst- und Winterabende

Für 4 Personen als Hauptspeise
preisgünstig
🕐 30 Minuten + 40 Minuten Backzeit

1 kg Hokkaido-Kürbis · 200 ml Wasser · ½ TL Koriandersamen, gemahlen · ¼ TL Kreuzkümmel, gemahlen · Butter für die Form · 125 g Quark · 100 g Sauerrahm · 2 Eier · Salz · Pfeffer · 2 EL Butter · 2 EL Haselnüsse · 2 EL Sesam oder Gomasio · 2 EL Dinkelmehl Type 1050 oder Vollkorn

- Den Kürbis waschen (Schälen kann beim Hokkaido-Kürbis entfallen), halbieren, entkernen und in großzügige Würfel schneiden. Im Wasser mit Koriander und Kreuzkümmel weich kochen, das restliche Wasser weitgehend verdampfen lassen.
- Eine Auflaufform mit Butter einfetten. Den Kürbis mit einem Kartoffelstampfer grob zerkleinern. Kürbis mit Quark, Sauerrahm und Eiern vermischen, die Masse mit Salz und Pfeffer würzen und in die Auflaufform füllen.
- Die Butter schmelzen. Haselnüsse grob hacken. Butter und Haselnüsse mit Sesam und Mehl vermischen. Auf der Kürbismischung verteilen.
- Den Backofen auf 200 °C (Umluft: 180 °C) vorheizen. Den Auflauf auf der unteren Schiene 40 Minuten backen.

Das passt dazu: gekochte Kartoffeln und süß-sauer eingelegtes Gemüse oder ein herbstlicher bzw. winterlicher Blattsalat

Variante: Statt Haselnüssen eignen sich auch Kürbiskerne.

Gefüllte Kohlrabi mit Reis und Kräuterseitlingen

Überraschung aus dem Ofen

Für 4 Personen als Hauptspeise

braucht etwas mehr Zeit

⊘ 80 Minuten + 20 Minuten Backzeit

125 g (1 Tasse) Natur-Reis, z. B. Langkorn- oder Basmati-Reis

375 ml (2½ Tassen) Wasser

4 mittelgroße Kohlrabi

100 g Kräuterseitlinge

2 Schalotten

1 Knoblauchzehe

Olivenöl zum Braten

einige Tropfen Sojasauce

Salz, Pfeffer

Paprikapulver, edelsüß

½ Bund Petersilie

150 g Crème fraîche

2 Päckchen Mozzarella

5 EL Sahne

- Reis waschen, mit Wasser zum Kochen bringen und etwa 45 Minuten bei geschlossenem Deckel auf kleiner Hitze kochen. Die Herdplatte ausschalten und einige Minuten nachquellen lassen. Mit der Gabel auflockern.
- Die Kohlrabi oben und unten kappen, schälen und waschen. Anschließend längs halbieren und jeweils die Mitte aushöhlen. Das Innere für die spätere Verwendung beiseitelegen. Die Kohlrabihälften in Wasser 20–25 Minuten kochen. Sie sollten schon fast gar sein. Kochwasser aufbewahren.
- Die Kräuterseitlinge klein schneiden, Schalotten und Knoblauch abziehen und jeweils klein würfeln. Alles in heißem Olivenöl anbraten, bis die Schalotten glasig sind. Mit Sojasauce ablöschen, mit Salz, Pfeffer und Paprikapulver würzen. Petersilie waschen, trocken schütteln und fein hacken. Petersilie, Reis und Crème fraîche unter die Pilze mischen. Mozzarella in Würfel schneiden, ¾ davon zur Pilz-Reis-Mischung geben.
- In 250 ml der Kochflüssigkeit das ausgehöhlte Kohlrabifleisch garen. Anschließend fein pürieren und mit Sahne, Salz und Pfeffer verfeinern.
- Die Pilz-Reis-Mischung in die Kohlrabihälften füllen, den restlichen Mozzarella darauf verteilen und in eine Auflaufform setzen. Die Sauce angießen.
- Den Backofen auf 200 °C (Umluft: 180 °C) vorheizen. Kohlrabi auf der mittleren Schiene etwa 15–20 Minuten überbacken, bis der Käse leicht bräunt.

Kate's delicious Broccoli

Rezept aus Neuseeland

Für 4 Personen als Hauptspeise
gelingt leicht
⊙ 45 Minuten

250 g (2 Tassen) Basmatireis, geschält ·
600 ml (4 Tassen) Wasser · 50 g grüne Bohnen ·
1 kleiner Brokkoli · 1 kleine Zwiebel · 10 Champignons · 30 g Haselnüsse · 4 EL Olivenöl · 3 EL Sojasauce · Salz · Pfeffer · 1 Avocado · 2 EL heller Essig,
z. B. Weißweinessig oder Apfelessig

- Reis waschen. Mit Wasser zum Kochen bringen
  und etwa 20–25 Minuten bei geschlossenem
  Deckel auf kleiner Hitze kochen. Die Herdplatte ausschalten und einige Minuten nachquellen
  lassen. Mit der Gabel auflockern.
- Die grünen Bohnen waschen, putzen, Enden
  kappen und in etwa 3 cm lange Stücke schneiden. In heißem Wasser 5 Minuten blanchieren.
- Den Brokkoli waschen, in Röschen zerteilen
  und halbieren. Den Strunk schälen (falls er
  eine harte Schale hat) und in Scheiben schneiden. Die Zwiebel abziehen und in Halbmonde schneiden, die Champignons in Scheiben
  schneiden, die Haselnüsse halbieren.
- Öl in einer großen Pfanne erhitzen. Zwiebeln,
  Gemüse und Haselnüsse 5–7 Minuten anbraten, das Gemüse darf noch Biss haben. Bei Bedarf etwas Wasser angießen. Sobald das Wasser
  verdampft ist, mit Sojasauce ablöschen und mit
  Salz und Pfeffer würzen.
- Die Avocado aus der Schale lösen, in mundgerechte Stück schneiden und gut mit dem Essig
  vermischen.
- Am Ende der Kochzeit die Avocado unter das
  Gemüse mischen, abschmecken und mit dem
  Reis zusammen servieren. Enjoy your meal!

Würzige Erbsenquiche mit Blauschimmelkäse

Überraschung aus dem Ofen

**Für 4 Personen als Hauptspeise –
ergibt eine runde Form mit Ø 28 cm**
gelingt leicht
⊙ 20 Minuten + 40 Minuten Backzeit

1 Schalotte · 1 TL Öl zum Braten · 1 Bund Rucola ·
100 g Blauschimmelkäse · 2 Eier · 100 ml Sahne ·
Salz · Pfeffer · 200 g Erbsen, tiefgekühlt ·
1× Quark-Öl-Teig mit Hirseflocken (siehe S. 57)

- Die Schalotte in kleine Würfel schneiden und
  in heißem Fett kurz anbraten. Rucola waschen,
  trocken schütteln und fein hacken. Den Blauschimmelkäse würfeln.
- Die Eier mit der Sahne verquirlen, Rucola und
  Käse zufügen. Mit Salz und Pfeffer würzen.
- Eine runde Backform (Ø 28 cm) mit Öl auspinseln. Den Quark-Öl-Teig auf einer leicht
  bemehlten Arbeitsfläche auswellen und in die
  Form setzen.
- Die Erbsen und die abgekühlte Schalotte auf
  dem Teig verteilen und mit der Eiersahne übergießen.
- Den Backofen auf 200 °C (Umluft: 180 °C) vorheizen und auf der unteren Schiene 30–40 Minuten backen.

Winterspinat-Torte in Blätterteig

Feuer und Erde

**Für 4 Personen als Hauptspeise –
ergibt eine runde Form mit Ø 28 cm**
braucht etwas mehr Zeit
🕐 60 Minuten + 45 Minuten Backzeit

750 g Winterspinat · 1 mittelgroße Zwiebel · 1 Knoblauchzehe · 30 g Walnüsse · 100 g Parmesan ·
2 Eier · Salz · 1 EL Olivenöl · ½ TL scharfe indische
Currypaste (z. B. Madras von Sanchon) · 275 g Blätterteig (Fertigprodukt aus dem Kühlregal)

- Spinat waschen und putzen. In wenig Salzwasser dämpfen, bis er zusammenfällt. Gut abtropfen lassen, etwas abkühlen lassen und ausdrücken. Dann fein hacken.
- Zwiebel und Knoblauch abziehen und klein
  würfeln. Walnüsse hacken, Käse fein reiben.
- Die Eier in einer Schüssel verquirlen und mit
  dem Käse mischen. Den abgekühlten Spinat unter die Eier mischen, mit Salz würzen.
- Öl erhitzen, Zwiebeln und Knoblauch glasig
  dünsten. Walnüsse und Currypaste ein paar
  Minuten mitbraten. Diese Mischung zu der
  Eier-Spinat-Mischung geben und vermengen.
- Eine runde Backform (Ø 28 cm) mit kaltem
  Wasser ausspülen. Den Blätterteig in eine etwas größere und eine kleinere Hälfte teilen.
  Beide Hälften auf einer leicht bemehlten Arbeitsfläche rund auswellen. Den größeren Kreis
  als Boden in die Form setzen und die Füllung
  darauf verteilen. Den kleineren Teigkreis oben
  auflegen und die Ränder gut verschließen. In
  der Mitte des Deckels ein Loch (etwa Ø 3 cm)
  ausschneiden. Die „Kaminabdeckung" kann
  nach etwa 30 Minuten Backzeit wieder aufge-
  setzt werden.
- Den Backofen auf 220 °C (Umluft: 190 °C) vorheizen und etwa 45 Minuten backen.

Saftiger Karotten-Sellerie-Salat

Ein erfrischender Begleiter

Für 4 Personen
geht schnell
🕐 20 Minuten

600 g Karotten · 400 g Sellerieknolle ·
½ TL Zucker · etwa 125 ml heiße Gemüsebrühe ·
3–4 EL Weißweinessig oder Zitronensaft ·
3–4 EL Olivenöl · Salz · Pfeffer · Rosmarin,
getrocknet

- Das Gemüse waschen, schälen und fein reiben.
  Gerade durch das feine Reiben entsteht ein
  wunderbar saftiger Salat.
- Zucker in der Gemüsebrühe auflösen, nach und
  nach über den Salat gießen und mischen. So-
  viel Brühe zugeben, wie das geriebene Gemüse
  aufnehmen kann. Essig und Öl zufügen und mit
  Salz, Pfeffer und Rosmarin würzen.
- Wenn Sie genug Zeit haben, den Salat 30 Minuten ziehen lassen.
- Nochmals abschmecken und zimmerwarm
  servieren.

Variante: Einen Bund fein geschnittenen Rucola
untermischen, das unterstreicht die nussige
Note der Karotten.

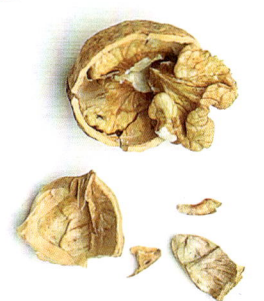

Biofleisch wird immer beliebter. Ein starkes Interesse an artgerechter Tierhaltung und eine bessere Verfügbarkeit in den Bioläden lassen die Verbraucher zunehmend zu Fleisch aus ökologischer Haltung greifen. Ein kleines Zahlenbeispiel belegt dies: Laut der Zusammenstellung „Zahlen, Daten, Fakten – Die Bio-Branche 2013" des Bundes Ökologische Lebensmittelwirtschaft e. V. (BÖLW) kauften die deutschen Haushalte 2012 (Januar bis November) 18 % mehr Bio-Rind-, -Schwein-, -Schaf- und -Ziegenfleisch und 11 % mehr Bio-Geflügelfleisch. Schlussfolgernd sind Fleisch- und Wurstwaren im Bio-Markt schnell wachsende Segmente. Allerdings sind Bedientheken für Biofleisch in Bioläden und Bio-Supermärkten noch nicht so weit verbreitet. Das Sortiment ist dadurch nicht so groß wie in Bio-Metzgereien. Abgepacktes und gekühltes oder tiefgekühltes Fleisch findet sich häufiger in den Selbstbedienungs-Theken der Läden.

Es gibt gute Gründe, für ein Bio-Schweineschnitzel oder ein Bratenstück vom Bio-Rind etwas mehr Geld auszugeben. Geschmackvolles und qualitativ hochwertiges Fleisch ist das Ergebnis der artgerechten Tierhaltung und der Aufzucht mit ökologisch erzeugtem Futter. Handwerklich verarbeitet, entsteht so ein breites Angebot an Fleisch- und

Wurst-Spezialitäten. Eine artgerechte Tierhaltung und die Fütterung mit ökologisch erzeugtem und gentechnikfreiem Futter sind im ökologischen Landbau wichtige Anliegen. Die Haltungsbedingungen stellen häufig an die Bauern höhere Anforderungen bei der Tierbetreuung und dem Erhalt guter Hygienebedingungen, und sie verursachen höhere Kosten als in der konventionellen Aufzucht. Doch auch die ökologische Tierhaltung muss sich rechnen. Es gilt also, eine optimale tiergerechte Haltung und Wirtschaftlichkeit in Einklang zu bringen.

Welches Fleisch eignet sich wofür?

Welches Fleisch ist besonders mager oder marmoriert? Welches eignet sich zum Grillen und welches ist preiswerteres Kochfleisch? Es muss nicht immer das Filet sein. Marmorierte Stücke, das heißt, von feinen Fettadern durchzogenes Fleisch, sind besonders intensiv im Geschmack.

Weniger bekannte, oft auch weniger geschätzte und damit preiswertere Fleischteile beim Rind sind zum Beispiel die Spannrippe oder das kernige Ochsenbein, die besonders empfehlenswert für kräftige Fleischbrühen oder Bouillons sind. Fleisch vom Nacken eignet sich für Eintöpfe, Gulasch, als Braten oder für Schmorgerichte. Das Mittelbug-

stück findet für Sauerbraten Verwendung, aus dem Bürgermeisterstück oder dem falschen Filet werden schmackhafte geschmorte Braten.

Vom Schwein eignen sich zum Bespiel die dicke Rippe oder Brustspitze als Kochfleisch, für Eintöpfe, Schmorbraten, Gulasch und nach dem Auslösen der Rippen auch zum Grillen. Schweinebauch ist ebenfalls ein gutes Grillfleisch. Als Braten (Rollbraten), Schmorfleisch, Gulasch oder Ragout kommen Schulter oder Bug vom Schwein zum Einsatz. Daraus wird auch Hackfleisch hergestellt.

Falls in Ihrem Bioladen eine Fleisch-Bedientheke vorhanden ist, fragen Sie doch einfach mal nach diesen weniger bekannten Teilstücken. Sie sind günstiger, aber genauso wertig in der Küche. In Bioläden ohne Fleisch-Bedientheke können die Mitarbeiter unter Umständen Ihr Wunschfleisch vorbestellen. Am besten gleich mehr vorbestellen – Fleisch lässt sich gut einfrieren.

Der Sonntagsbraten

Die Erzeugung von Fleisch wirkt sich auf die Umwelt und das Klima aus, beispielsweise durch Entstehung von Treibhausgasen oder hohen Wasserverbrauch, ganz gleich ob Rind oder Geflügel, Bio oder nicht Bio, aus Deutschland oder aus Südame-

rika stammend. Die größten Möglichkeiten zur Verminderung von ökologischen Belastungen im gesamten Ernährungssystem liegen in einer deutlichen Reduzierung des Anteils tierischer Lebensmittel, insbesondere von Fleisch. Und übrigens: Für ein Kilogramm Fleisch werden durchschnittlich über 15.000 Liter Wasser benötigt. Im Vergleich dazu: für ein Kilogramm Karotten nur etwa 130 Liter

Im Durchschnitt isst jeder Deutsche laut Fleischatlas der Heinrich-Böll-Stiftung in seinem Leben 1.094 Tiere, verteilt auf 4 Rinder, 4 Schafe, 12 Gänse, 37 Enten, 46 Schweine, 46 Puten und 945 Hühner. Mit einem jährlichen Fleischverzehr von etwa 60 Kilogramm essen die Deutschen doppelt so viel Fleisch wie die Menschen in Entwicklungs- und Schwellenländern.

Wer kennt ihn also noch: den „Sonntagsbraten"? Ein Stück wertvolles und hochwertiges Fleisch, das nicht täglich auf den Tisch kommt. Wenn Fleisch seltener aufgetischt wird, kann man sich den Sonntagsbraten in Bio-Qualität genussvoll schmecken lassen. Für die fleischlosen Tage steht eine Vielzahl köstlicher Alternativen bereit. Einfach in unserem Rezeptbuch stöbern.

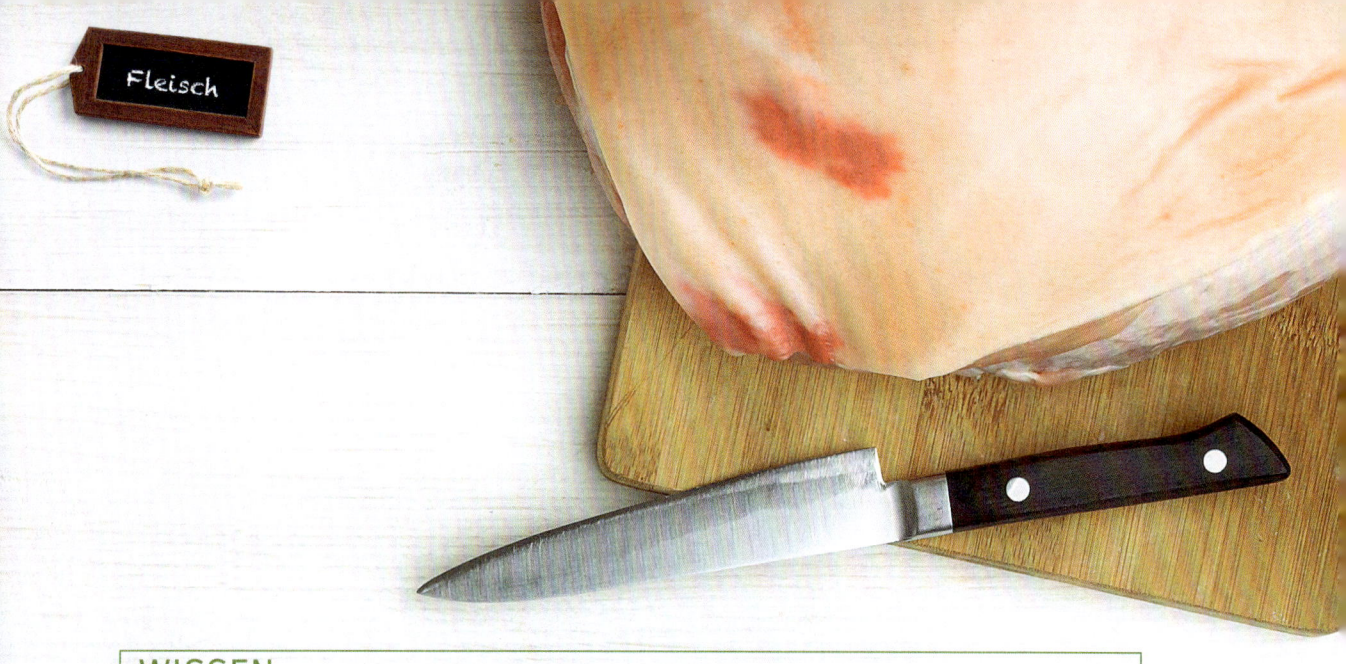

WISSEN

Artgerechte Tierhaltung im Öko-Landbau

Bio-Tiere haben wesentlich mehr Platz als in der konventionellen Haltung, damit sie ihre arteigenen Verhaltensweisen besser ausleben können. Daher leben sie meist in kleineren Gruppen zusammen. Der generell vorgeschriebene Zugang zur Weide oder zumindest zu einem befestigten Auslauf an frischer Luft erhöht die Lebensqualität der Bio-Tiere.

Durch mehr Platz und Haltungsformen, in denen arteigene Verhaltensweisen ausgelebt werden können, sind weniger schmerzhafte Eingriffe, wie das Kupieren der Schwänze bei Schweinen oder das Stutzen der Schnäbel bei Hühnern, die Folge. Teilweise haben die Bio-Tiere auch ein längeres Leben als ihre Artgenossen in der konventionellen Haltung. So leben im Öko-Landbau beispielsweise die Masthähnchen etwa doppelt so lange wie in der konventionellen Haltung. Bio-Legehennen werden dagegen normalerweise nicht älter als konventionelle Hennen. Auch im Bio-Landbau werden Hybridhennen eingesetzt, deren Legeleistung sehr hoch ist. Daher ist eine längere Nutzungsdauer ein viel diskutiertes Zuchtziel in der Züchtung von Hennen für den

Öko-Landbau. Außerdem gibt es Ansätze für die Züchtung des sogenannten Zweinutzungshuhns, das heißt einer Hühnerrasse, die sich sowohl als Legehuhn als auch zur Mast eignet, und somit Eier und Fleisch liefert.

Die vorbeugende Verwendung chemisch-synthetischer Arzneimittel ist verboten. Treten Krankheiten auf, sind sie vorzugsweise mit pflanzlichen, homöopathischen oder anderen Naturheilmitteln, falls eine entsprechende Therapiesicherheit vorhanden ist, zu behandeln. Müssen im Krankheitsfall trotzdem Antibiotika eingesetzt werden, gelten längere Wartezeiten bis zur Schlachtung. Bio-Tiere werden bedarfsgerecht und ihrem Entwicklungsstand entsprechend ernährt. Deshalb nehmen sie langsamer zu und müssen länger gemästet werden. Das wirkt sich positiv auf den Geschmack und die Fleischqualität aus. Die aufwendigeren Haltungsbedingungen verursachen bei den Erzeugern höhere Kosten als in der konventionellen Aufzucht. Ökologische Tierhaltung muss sich rechnen. Es gilt also, eine optimale tiergerechte Haltung und Wirtschaftlichkeit in Einklang zu bringen.

Ein gutes Stück Fleisch fängt beim Tierwohl an

Ein wenig stur ist es schon, das Bergische Bauern-Ehepaar Susanne Schulte und Peter Schmidt. „Wir wollen zeigen, dass alte Rassen eine wirtschaftliche Zukunft haben – und unseren Kunden einen besonderen Genuss bieten", beschreibt Schmidt die Zielsetzung des Klosterhof Bünghausen in Gummersbach (NRW), der konsequent nach Biokreis-Richtlinien bewirtschaftet wird.

▲ Auf dem Arche-Hof des Ehepaars Susanne Schulte und Peter Schmidt stehen Tierwohl und Wirtschaftlichkeit im Einklang. Für das Ehepaar ist klar: Die Zukunft der Landwirtschaft ist bio und regional.

Auch Quereinsteiger können erfolgreich Landwirtschaft betreiben. Der gelernte Wirtschaftsjournalist übernahm 1997 von einer Nachbarin eine kleine Fläche, auf der er eine Streuobstwiese anlegte. Das Rasenmähen übernahmen drei Bergschafe, eine vom Aussterben bedrohte Haustierrasse. Verstärkung bekam die kleine Herde bald darauf durch den Bock Wastl. Langsam wuchs die Schafsfamilie, sodass weitere Flächen dazu gepachtet wurden. Die anfänglich noch eher provisorischen Viehbehausungen wurden 2007 durch einen offenen Gemischtviehstall ergänzt, und Peter Schmidt stieg in die Nebenerwerbslandwirtschaft ein. Sein Anliegen war und ist es, vom Aussterben bedrohte Haustierrassen auf seinem sogenannten Arche-Hof eine Chance zu geben. Er und seine Frau Susanne Schulte wollen mit ihrer Arbeit einen Beitrag zum Erhalt der Artenvielfalt sowie der bergischen Kulturlandschaft leisten und den Menschen zudem vermitteln, woher Lebensmittel stammen.

Susanne Schulte stieg 2005 in die Landwirtschaft ein, ebenso als Quereinsteigerin. Die gelernte Marktforscherin eignete sich das nötige Wissen selbst an, als „Mit-Bäuerin", wie sie sich schmunzelnd nennt. Die ersten Schwierigkeiten, ein Stück Fleisch eines Tieres zu essen, das sie selbst gefüttert hatte, waren schnell überwunden. „Denn ich weiß, dass die Tiere ein artgerechtes Leben hatten. Sonst weiß man das ja nicht unbedingt, egal, wo man Fleisch kauft", fügt sie hinzu.

Erhalten durch Aufessen

Für das Ehepaar gilt auf ihrem Arche-Hof die Philosophie: Alte Rassen wirtschaftlich nutzen, nur so hat die Art eine Chance. „Das muss sich natürlich auch rechnen, da darf man sich nichts vormachen", sagt Peter Schmidt. Der Hof beherbergt braune und schwarze Bergschafe, die berggängig und für die Landschaftspflege gut als Rasenmäher geeignet sind. Des Weiteren Rinder der Rasse Rotes Höhenvieh und Noriker-Pferde vom Abtenauer Schlag. Die Rinder sind ideal für die Mittelgebirgslage des Bergischen Landes, da sie robust gegen die wechselhaften Wettereinflüsse der Gegend sind. „Aufgrund der natürlichen Haltung mit Weidehaltung von Frühjahr bis Spätherbst und Offenstall im Winter sowie der bis zu dreijährigen Wachstumszeit der Ochsen ist das Fleisch sehr zart und gut marmoriert", sagt Peter Schmidt. Früher wurden die Rinder als Dreinutzungsrasse gehalten: als Fleisch- und Milch-Lieferant sowie als Nutztier in der Landwirtschaft. Heute sind Mehrnutzungsrassen in der Landwirtschaft eher die Ausnahme, da sie nach moderner betriebswirtschaftlicher Definition keine Spitzenerträge bringen. Gefüttert werden nur Gras und Heu sowie pflanzliche Zusatzstoffe wie Gerstenschrot oder Biokraftfutter für die Lämmer – gentechnisch verändertes Soja ist bei Bio tabu.

Die Zukunft der Landwirtschaft ist bio und regional

Der Klosterhof ist seit Mitte 2009 Mitglied beim Bio-Verband Biokreis. „Bio habe ich schon immer gewollt. Der Betrieb war früher nur zu klein, die Bio-Zertifizierung hätte sich nicht gelohnt. Aber dann haben wir die kritische Größe erreicht und den Antrag auf

Bio-Zertifizierung gestellt", erzählt Peter Schmidt und fügt überzeugt hinzu: „Bio und regional, das sind die Grundsätze meiner Landwirtschaft. Diese Kombination bietet vielen kleineren und mittleren Betrieben echte Zukunftsperspektiven – den Bauern eben, die ihre Nischen neben der großen Agrarindustrier finden müssen."

Fleisch bewusst genießen

Schmidt verkauft das Fleisch und die Fleisch-Produkte rund ums Rote Höhenvieh und Bergschaf – wie Salami und Schafschinken – üblicherweise frisch nach der Schlachtung, größtenteils direkt ab Hof.

„Zum Glück ändert sich bei immer mehr Menschen das Bewusstsein und das Einkaufsverhalten beim Fleisch. Qualität geht vor Quantität", stellt Peter Schmidt seit einigen Jahren fest.

▼ Bergschafe sind als Rasenmäher ideale Landschaftspfleger.

▶ Die Rinder der alten Rasse Rotes Höhenvieh sind von Frühjahr bis Spätherbst auf der Weide. Im Winter genießen sie den Komfort des Offenstalls.

Rindfleischsuppe mit dreierlei Pilzen

Im Stil einer japanischen Ramen-Suppe

Für 4 Personen als Hauptspeise
geht schnell
⏱ 25 Minuten

200 g Mie-Nudeln · 250 g Rindfleisch, Hüfte oder Schulter · 8 Shiitake-Pilze · 4 Champignons · 1 frische Chilischote (nach Belieben) · 2 l Brühe, Gemüse oder Rind · ½ TL getrocknete Steinpilze · 1 Zitrone · 4 Frühlingszwiebeln · Salz oder Sojasauce

- Mie-Nudeln nach Packungsanleitung kochen und abseihen.
- Das Fleisch im Ganzen rundum anbraten, es darf auf Druck leicht nachgeben und innen zartrosa sein. In Alufolie wickeln und 5 Minuten ruhen lassen. Anschließend in dünne Streifen schneiden.
- Shiitake-Pilze in Streifen, Champignons in Scheiben schneiden. Chili waschen, Kerne entfernen und klein schneiden.
- Die Brühe erhitzen, Shiitake, Champignons, Steinpilze und Chili zufügen und 5 Minuten köcheln lassen.
- Die Zitrone waschen und 8 dünne Scheiben abschneiden. Die gewaschenen Frühlingszwiebeln in schräge Ringe schneiden. Beides mit dem Fleisch in die Brühe geben und einige Minuten ziehen lassen.
- Die Nudeln zufügen und bei Bedarf nochmals erhitzen. Mit Salz oder Sojasauce abschmecken.

Exotischer Kürbis-Rindfleisch-Eintopf

Herrlich wärmend

Für 4 Personen als Hauptspeise
gut vorzubereiten
⏱ 60 Minuten

1 kg Kürbis, z. B. Muskat- oder Hokkaidokürbis · 1–2 mehligkochende Kartoffeln (z. B. Ackersegen oder Adretta) · 6 cm frischer Kurkuma oder ½ TL Kurkumapulver · ¼ TL getrockneter Majoran · 2 Lorbeerblätter · 900 ml Gemüsebrühe · 500 g Rindergulasch · 2 Zwiebeln · 4 EL Bratöl · 1 TL Galgant · Salz · 200 ml Kokosmilch

- Den Kürbis waschen, schälen (kann beim Hokkaidokürbis entfallen) und klein würfeln. Ebenso die Kartoffeln. Kurkuma schälen und fein reiben (färbt die Hände stark gelb, besser Einmalhandschuhe tragen). Zusammen mit Majoran und Lorbeerblättern in der Gemüsebrühe in 10–15 Minuten weich kochen.
- Das Fleisch in mundgerechte Stücke schneiden. Zwiebeln abziehen und klein würfeln. Beides in einer Pfanne in heißem Öl anbraten, bis das Fleisch gar ist und die Zwiebeln glasig sind. Mit Galgant und Salz würzen. Beiseitestellen.
- Die Lorbeerblätter aus der Kürbissuppe entfernen. ¾ der Menge fein pürieren und beide Suppenanteile wieder zusammenmischen.
- Fleisch und Zwiebeln in den Eintopf geben und etwa 5 Minuten köcheln lassen. Am Ende der Kochzeit die Kokosmilch zufügen und den Eintopf mit Salz und gegebenenfalls Galgant und Majoran abschmecken.

Variante: Wer es gerne pikanter mag, brät mit dem Fleisch etwas Chili mit. Statt Rindfleisch schmeckt auch Schweinefleisch (z. B. Schnitzelfleisch) oder Lammfleisch (z. B. Gulaschfleisch) gut dazu.

Gefüllte Pfannkuchen mit Hackfleisch und Erbsen

Mit Käse überbacken

Für 4 Personen als Hauptspeise
das lieben Kinder
⊙ 60 Minuten + 15 Minuten überbacken

200 g Weizen- oder Dinkelmehl Type 1050 ·
500 ml Milch · 1–2 Eier · ½ TL Salz · 1 Zwiebel ·
4 EL Olivenöl · 400 g Hackfleisch, Rind oder
gemischt · 400 g Erbsen, frisch oder tiefgekühlt ·
500 ml passierte Tomaten · Salz · Pfeffer · Öl zum
Braten und zum Einfetten · 200 g Hartkäse

- Aus Mehl, Milch, Eiern und Salz einen Pfannkuchenteig herstellen. 10–15 Minuten ruhen lassen.
- Die Zwiebel abziehen und klein würfeln. In heißem Olivenöl glasig dünsten. Hackfleisch und Erbsen zufügen und 3 Minuten mitbraten. Anschließend die Tomaten zugeben, mit Salz und Pfeffer würzen und langsam einkochen lassen.
- Währenddessen die Pfannkuchen backen. Dafür Öl in einer Pfanne erhitzen, schöpflöffelweise den Pfannkuchenteig in der Pfanne gleichmäßig verteilen und backen. Von der zweiten Seite fertig backen und auf einem Teller mit Deckel warm halten.
- Den Käse fein reiben. Eine Auflaufform mit etwas Öl einfetten.
- Jeden Pfannkuchen mit der Hackfleisch-Erbsen-Sauce füllen, mit geriebenem Käse bestreuen, aufrollen und in die Auflaufform setzen. Den restlichen Käse über die gefüllten Pfannkuchen streuen.
- Den Backofen auf 200 °C (Umluft: 180 °C) vorheizen. Die Pfannkuchen auf der mittleren Schiene etwa 10–15 Minuten überbacken, bis der Käse geschmolzen ist.

Backofen-Buletten mit Rosmarin-Kartoffeln

Ein Blech, alles drauf!

Für 4 Personen als Hauptspeise
das lieben Kinder
⊙ 25 Minuten + 30 Minuten Ruhezeit Teig +
40 Minuten Backzeit

1 altbackenes Brötchen · 500 g Hackfleisch, Rind
oder gemischt · 1 Zwiebel · 2 Knoblauchzehen ·
1 Bund Petersilie · 1 Ei · 1 TL Paprikapulver, edelsüß · Salz · Pfeffer · evtl. Paniermehl · 800 g festkochende Kartoffeln · Olivenöl · 1 TL Rosmarin

- Das Brötchen in kleine Würfel schneiden. In wenig Wasser einweichen und leicht ausgedrückt zum Hackfleisch geben.
- Zwiebel und Knoblauch abziehen und jeweils klein würfeln. Petersilie waschen, trocken schütteln und fein hacken. Zum Hackfleisch geben und mit Ei, Paprikapulver, Salz und Pfeffer gut verkneten. Falls die Masse zu weich ist, mit Paniermehl binden. Die Hackfleischmasse 30 Minuten ruhen lassen.
- Die Kartoffeln schälen, waschen und grob würfeln. In einer Schüssel mit einem guten Schuss Olivenöl, Rosmarin, Salz und Pfeffer vermischen und auf einem leicht gefetteten Backblech verteilen.
- Aus dem Hackfleischteig Buletten formen und zwischen die Kartoffeln legen.
- Den Backofen auf 200 °C (Umluft: 180 °C) vorheizen und auf der mittleren Schiene etwa 40 Minuten backen.

Das passt dazu: Salate der Saison, wie gemischter Blattsalat, Tomaten- oder Gurkensalat, Krautsalat

Fleisch

Zartes Bœuf bourguignon

Unvergesslich zart

**Für 4 Personen
als Hauptspeise**
braucht etwas mehr Zeit
⊘ 30 Minuten +
2 Stunden Schmorzeit

1 große Gemüsezwiebel
2 große Karotten
1 große Pastinake
1 große Petersilienwurzel
1 kg Rindfleisch am
Stück, Schulter
4 EL Mehl
250 g Speck, durch-
wachsen, am Stück
5 EL Öl
2 TL Rohrohrzucker
1 TL Tomatenmark
100 ml Portwein
(z. B. von Casal dos Jordões)
500 ml Blauburgunder
2 Knoblauchzehen
1 Stück Ingwer, etwa 1 cm
1 Zweig Thymian
1 Zweig Rosmarin
2 Lorbeerblätter
½ TL Piment, gemahlen
½ TL Koriandersamen,
gemahlen
500 ml Gemüsebrühe
2 EL Orangensaft
1 EL kalte Butter
Salz, Pfeffer
1 Bund Petersilie

- Die Zwiebel abziehen und grob würfeln. Karotten, Pastinake und Petersili-
enwurzel waschen, schälen und fein würfeln.
- Das Rindfleisch in mundgerechte Würfel schneiden und in Mehl wenden. In
einem Topf im heißen Öl bei mittlerer Hitze gemeinsam mit dem Speck am
Stück rundum anbraten und herausnehmen.
- Anschließend im gleichen Topf den Zucker leicht karamellisieren lassen.
Tomatenmark zugeben, anbräunen lassen und mit dem Portwein ablöschen.
Das kleingeschnittene Gemüse zufügen und mit anbraten. Mit einem Teil
des Rotweins ablöschen und einreduzieren lassen.
- Knoblauch abziehen und fein würfeln. Ingwer schälen und fein hacken.
Beides gemeinsam mit Thymian, Rosmarin, Lorbeerblättern, Piment und
Koriander zugeben. Kurz andünsten lassen. Fleisch und Speck zugeben. Den
restlichen Wein, Gemüsebrühe und Orangensaft angießen. Kurz aufkochen
lassen.
- Bei kleiner Hitze mit geschlossenem Deckel (ein Spalt sollte noch offen
sein) etwa 2 Stunden schmoren lassen.
- Fleisch, Speck, Gewürz-Zweige und Lorbeerblätter aus der Sauce nehmen.
Sauce und Gemüse durch ein Sieb in einen Topf streichen. Kurz aufkochen
lassen. Kalte Butter einrühren und mit Salz und Pfeffer abschmecken.
- Die Petersilie waschen, trocken schütteln und fein hacken. Die Sauce zum
Fleisch servieren und mit Petersilie garnieren.

Gebratene Streifen vom Rind mit Bambussprossen

Asiatische Genüsse

Für 4 Personen als Hauptspeise
schön für Gäste
⊕ 25 Minuten

500 g Rindfleisch, Hüfte · 2 EL Mehl · 4 EL Soja-sauce · 2 EL Limettensaft · 4 EL Sesamöl, nativ · 2 EL Crema di Balsamico · 1 rote Spitzpaprika-schote · 1 Frühlingszwiebel · 2 Knoblauchzehen · 1 Stück Ingwer, etwa 1 cm · Bratöl · 150 ml Brühe · 100 g Bambussprossen im Glas (z. B. von Marsch-land Naturkost) · 100 g Zuckerschoten · Salz · Pfeffer · ¼ Bund frischer Koriander

– Das Rindfleisch unter fließend kaltem Wasser abspülen und mit Küchenpapier trocken tup-fen. In etwa 2 cm breite Streifen schneiden und in Mehl wenden.
– Aus Sojasauce, Limettensaft, Sesamöl und Crema di Balsamico eine Marinade herstellen. Das Fleisch darin einlegen.
– Die Spitzpaprikaschote und die Frühlingszwie-bel waschen und putzen. Jeweils in dünne Rin-ge schneiden. Den Knoblauch abziehen und fein würfeln. Den Ingwer schälen und fein hacken.
– Anschließend Paprika, Frühlingszwiebel, Knob-lauch und Ingwer in heißem Öl kurz kräftig anbraten.
– Das marinierte Fleisch zufügen und 2–3 Minu-ten mitbraten. Mit Brühe ablöschen, aufkochen und ziehen lassen, bis sich die Brühe etwas re-duziert hat.
– Bambussprossen und Zuckerschoten zugeben und etwa 5 Minuten leicht fertig köcheln las-sen. Mit Salz und Pfeffer abschmecken.
– Koriander waschen, trocken schütteln und fein hacken. Gehackte Korianderblätter über das Gericht streuen.

Gebackene Hähnchenschenkel mit Senf-Honig-Kruste

Sweet and juicy chicken

Für 4 Personen als Hauptspeise
gelingt leicht
⊕ 10 Minuten + 1–2 Stunden Marinierzeit + 35–40 Minuten Backzeit

4 Hähnchenschenkel (ca. 1,4 kg) · 3 EL Honig · 5 EL Orangensaft · 1 EL Dijon-Senf · 1 EL Soja-sauce · 2 EL Worcestershire-Sauce (z. B. von San-chon) · 3 EL Öl · 1 EL Thymian, getrocknet · Salz · Pfeffer · Butter zum Einfetten

– Die Hähnchenschenkel unter fließend kaltem Wasser abspülen und mit Küchenpapier tro-cken tupfen.
– Den Honig mit Saft, Senf, Sojasauce, Worces-tershire-Sauce, Öl und Thymian gut vermengen. Mit Salz und Pfeffer abschmecken.
– Die Hähnchenschenkel zugeben, sodass die Ma-rinade das Fleisch überdeckt. 1–2 Stunden kühl stellen. Anschließend die Marinade abstreifen und aufheben.
– Den Backofen auf 220 °C (Umluft: 200 °C) vor-heizen.
– Das Fleisch in einen eingefetteten, feuerfesten Topf geben. Mit Salz und Pfeffer würzen. Auf der mittleren Schiene 20–25 Minuten bei ge-schlossenem Deckel backen. Anschließend das Fleisch mit der Marinade bestreichen und die restliche Marinade zufügen.
– Ohne Deckel weitere 15–20 Minuten fertig ba-cken. Für eine knusprige Kruste das Fleisch alle 5 Minuten mit der Marinade bestreichen.

Mariniertes Hähnchenfleisch nach Saté-Art

Mit Erdnusssauce

Für 4 Personen als Hauptspeise
gut vorzubereiten
🕐 20 Minuten + 60 Minuten Marinierzeit

600 g Hähnchenbrustfilet · 1 kleine Zwiebel ·
1 Knoblauchzehe · 2 TL Koriandersamen ·
2 TL Kreuzkümmel · ¼ TL Kurkumapulver ·
2 Msp. Chilipaste (z. B. von LaSelva) · 1 TL Mascobadozucker · 3 EL Kokosmilch · 2 EL Sojasauce ·
1 EL Zitronen- oder Limettensaft · 3 EL Öl zum
Braten
Für die Erdnusssauce: 150 g Erdnüsse · 200 ml Kokosmilch · 3 EL Zitronen- oder Limettensaft ·
1 EL Mascobadozucker · ½–1 TL Chilipaste (z. B.
von LaSelva) · 1 TL Curry · Salz oder Sojasauce

- Das Hähnchenfleisch unter fließend kaltem Wasser abspülen und mit Küchenpapier trocken tupfen. In mundgerechte Stücke schneiden.
- Zwiebel und Knoblauch abziehen und jeweils sehr klein würfeln.
- Koriandersamen und Kreuzkümmel in einem Mörser zerstoßen. Mit Zwiebeln, Knoblauch, Kurkuma, Chilipaste, Mascobacozucker, Kokosmilch, Sojasauce und Zitronensaft zu einer Marinade verrühren. Das Fleisch darin 60 Minuten marinieren.
- Für die Erdnusssauce die Erdnüsse in der Küchenmaschine oder im Mixer zerkleinern. Mit Kokosmilch, Zitronensaft, Mascobacozucker, Chilipaste und Curry auf kleiner Flamme erwärmen. Die Sauce sollte nicht kochen. Mit Salz oder Sojasauce abschmecken.
- Öl in einer Pfanne erhitzen und darin das Fleisch mit der Marinade gut durchbraten. Die Erdnusssauce zum Fleisch reichen.

Süß-scharfes Bami Goreng

Ein Klassiker der asiatischen Küche

Für 4 Personen als Hauptspeise
geht schnell
🕐 30 Minuten

250 g Mie-Nudeln · 240 g Schweineschnitzel ·
6 Frühlingszwiebeln · 150 g Zuckerschoten ·
250 g Sojasprossen · 1 Knoblauchzehe ·
1 Stück Ingwer, etwa 2 cm · ½ Bund frischer Koriander · 2 Eier · 4 EL Soja-Honig (von Sanchon) ·
½ TL Chilipaste oder etwas frische Chilischote ·
Salz · 5 EL Sesamöl, nativ · 1 EL schwarzer Sesam ·
1 EL Sojasauce

- Nudeln nach Packungsanleitung zubereiten.
- Das Fleisch in dünne Streifen schneiden. Gemüse und Sprossen waschen. Frühlingszwiebeln in schräge Ringe, Zuckerschoten in mundgerechte Stücke schneiden.
- Knoblauch abziehen und klein würfeln, Ingwer schälen und ebenso würfeln. Koriander waschen, trocken schütteln und grob hacken.
- Die Eier mit Soja-Honig, Chilipaste, gehacktem Koriander und etwas Salz verquirlen.
- 2 Esslöffel Öl mit schwarzem Sesam erhitzen, Fleisch darin anbraten, dann aus der Pfanne nehmen. In restlichem Öl (3 Esslöffel) Gemüse und Sprossen mit Knoblauch und Ingwer bissfest braten und mit Sojasauce ablöschen. Nudeln und Fleisch dazugeben und kurz schwenken. Die Eiermischung zufügen und stocken lassen. Mit Soja-Honig, Salz und nach Geschmack Chilipaste abschmecken.

Tipp: Bami Goreng – gebratene Nudeln – stammt aus Indonesien und wird gerne aus übrigen Zutaten zubereitet. Typisch sind neben den Nudeln die süß-scharfe Sauce und das am Ende mitgebratene Ei.

Schweine-Schmorbraten à la Mama

Wie bei Mama daheim

- Das Fleischstück gut einsalzen und 60 Minuten kühl stellen.
- In der Zwischenzeit Karotten, Pastinake und Petersilienwurzel waschen, schälen und in grobe Stücke schneiden. Zwiebeln abziehen und grob würfeln. Knoblauchzehen abziehen und halbieren. Speck in etwa 2 x 1 cm lange Stifte schneiden.
- Den Backofen auf 200 °C (Umluft: 180 °C) vorheizen.
- Mit einem scharfen Messer etwa 2 × 2 cm große Rauten in die Schwarte einschneiden. In das Fleisch kleine Taschen einschneiden und je eine halbe Knoblauchzehe und einen Speck-Stift hineindrücken.
- In einer feuerfesten Pfanne mit hohem Rand Schmalz und Öl erhitzen. Das Fleisch von allen Seiten scharf anbraten und rausnehmen.
- Das Gemüse in der gleichen Pfanne ebenfalls kurz scharf anbraten. Das Fleisch mit der Schwarte nach oben zeigend auf das Gemüse setzen und mit Bier und Gemüsebrühe zu gut ⅔ bedecken. Die Brühe mit Salz und Pfeffer abschmecken.
- Das Fleisch mit geschlossenem Deckel im Backofen auf der unteren Schiene 90 Minuten schmoren. Anschließend in 30 Minuten ohne Deckel fertig schmoren lassen.
- Für die Sauce die Brühe mit dem Gemüse durch ein Sieb streichen. Nochmals kurz aufkochen lassen.
- Das Fleisch in Scheiben schneiden und mit Sauce und Beilagen servieren.

Das passt dazu: Kartoffelbrei, Schmorgemüse und ein Salat der Saison

Variante: Anstelle des dunklen Bieres verträgt sich der Braten auch mit hellem Bier, z. B. von Braumanufaktur Forsthaus Templin oder Heinz vom Stein. Auch Weißbier/Weizenbier ist möglich, z. B. von Pinkus Müller oder Unertl.

**Für 4 Personen
als Hauptspeise**
braucht etwas mehr Zeit
⊙ 10 Minuten + 60 Minuten
Fleisch kühl stellen +
2 Stunden Schmorzeit

1,7 kg Schweinebraten mit
Schwarte, Schulter oder
Unterschale
4 große Karotten
1 große Pastinake
1 große Petersilienwurzel
3 große Zwiebeln
4 Knoblauchzehen
50 g Speck am Stück
1 EL Schweine-Schmalz ·
2–3 EL Öl
1 l dunkles Bier (z. B. von
Neumarkter Lammsbräu oder
Riedenburger Brauhaus)
1 l Gemüsebrühe
Salz, Pfeffer

Fleisch

Gefüllte Hähnchenbrust mit Datteln

So yummy!

UNSER REZEPT **TOP TEN**

Für 4 Personen als Hauptspeise
schön für Gäste
🕐 25 Minuten

2–3 Hähnchenbrustfilets (etwa 500 g) · 4 getrocknete Tomaten · 12 Datteln, getrocknet und entsteint · ½ Bund Petersilie · 1 TL Senf · 2 EL Olivenöl + zusätzlich zum Braten · einige Tropfen Sojasauce · Pfeffer · 1 EL Ghee

- Das Hähnchenfleisch unter fließend kaltem Wasser abspülen und mit Küchenpapier trocken tupfen. Jede Brust seitlich einschneiden, sodass man sie füllen kann.
- Die Füllung vorbereiten: Tomaten (falls nicht in Öl eingelegt) in heißem Wasser einige Minuten einweichen. Datteln in Streifen schneiden. Petersilie waschen, trocken schütteln und fein hacken. Tomaten klein schneiden.
- Datteln, Tomaten und Petersilie mit Senf, Olivenöl, Sojasauce und Pfeffer vermischen. Die Hähnchenbrust damit füllen und mit Zahnstochern fixieren.
- Etwas Olivenöl und Ghee in einer Pfanne erhitzen und das Fleisch von jeder Seite etwa 6 Minuten braten. Kurz ruhen lassen, anschließend in schrägen Streifen schneiden und auf Tellern anrichten.

Marinierte Schweinekoteletts mit Süßkartoffelbrei

Exotisch-süßes Erlebnis

Für 4 Personen als Hauptspeise
schön für Gäste
🕐 40 Minuten + 12 Stunden Marinierzeit

800 g Schweinekoteletts · 1 große rote Zwiebel · 1 frische Chilischote · 2 dicke Scheiben Ingwer · 2 EL Teriyaki-Sauce (z. B. von Suzy's) · 1 EL Honig · 1 EL weißer Rum (z. B. von Papagayo) · 4 EL Olivenöl · 100 ml Weißwein, trocken · Salz · Pfeffer · 800 g Süßkartoffeln · 4 EL Olivenöl · 2 EL Butter · 1 Msp. Muskatnuss, gerieben · 1 Msp. Cayennepfeffer · 1 TL Paprikapulver, edelsüß

- Schweinekoteletts waschen und mit Küchenpapier trocken tupfen.
- Die Zwiebel abziehen und fein würfeln. Die Chilischote waschen, Kerne entfernen und die Schote fein hacken. Den Ingwer schälen. Die Zutaten mit Teriyaki-Sauce, Honig, Rum, Olivenöl und Weißwein zu einer Marinade vermischen. Mit Salz und Pfeffer abschmecken. Das Fleisch über Nacht in der Marinade einlegen.
- Am nächsten Tag den Backofen auf 220 °C (Umluft: 200 °C) vorheizen.
- Die Süßkartoffeln waschen, schälen, in grobe Stücke schneiden und in wenig Salzwasser weich kochen.
- In der Zwischenzeit das Fleisch aus der Marinade nehmen, die Marinade aufheben. Das Fleisch auf den Backofenrost legen und auf oberer Schiene etwa 30 Minuten backen. Die Koteletts alle 10 Minuten mit der Marinade beträufeln.
- Nach dem Backen das Fleisch in Alufolie wickeln und 10 Minuten ruhen lassen.
- Zwischenzeitlich die Süßkartoffeln pürieren. Öl, Butter, Muskat, Cayennepfeffer und Paprikapulver zugeben und gut zu einem weichen Brei vermengen. Mit Salz und Pfeffer abschmecken.

Gefüllte
Hähnchenbrust
mit Datteln

Ruck-zuck-fertig!

Hektik im Alltag und viele Verpflichtungen lassen auch Bioladen-Käufer gerne zu Fertiggerichten greifen. Die meisten Menschen essen neben frischen Zutaten Lebensmittel, die bereits verarbeitet sind. Convenience-Lebensmittel oder Convenience Food (englisch für „bequemes Essen") haben Einzug in die Bio-Branche gehalten – den einen freut es, dem anderen mag dies ein Graus sein. Doch was sind eigentlich Convenience-Produkte? Man könnte sagen: Sie vereinfachen die Essenszubereitung.

Der Duden schreibt: Convenience Food ist ein „Gericht, das für den Verbrauch schon weitgehend zubereitet ist und daher für den Verbraucher eine Arbeitserleichterung bedeutet." Dazu zählen Fertiggerichte, die als solches eine eigenständige Mahlzeit bilden, aber auch Produkte, bei denen der Hersteller bestimmte Verarbeitungsstufen übernimmt, um die weitere Zubereitung im Haushalt zu vereinfachen. Das können zum Beispiel Fertigmischungen für Burger oder Kuchen sein, Saucen, Suppen, Tiefkühlprodukte, Frischnudeln, Marinaden, Konserven in Glas oder Dose oder auch Dips oder Brotaufstriche. Die Lebensmittelverarbeitung und damit Convenience Food ist ein Spiegel neuer technologischer Entwicklungen sowie der Veränderung unserer Esskultur.

Was steckt im Convenience Food?

Für Bio-Produkte, egal ob aus der Frischeabteilung oder verarbeitete Produkte, gilt die europaweite EU-Öko-Verordnung und bei ausgelobter Verbandsware zusätzlich die Vorschriften der Bio-Verbände (wie Bioland, Naturland, Gäa, Biokreis oder Demeter) und damit die kontrolliert ökologische Erzeugung der Zutaten und der Verarbeitung. Das trifft auf Convenience Food ebenso zu. Damit ein verarbeitetes Produkt im konventionellen Bereich lange gut schmeckt und haltbar ist, können dort den Produkten künstliche Aromen und Farbstoffe sowie synthetische Konservierungsstoffe zugesetzt werden. All das ist bei Bio-Produkten tabu, gentechnisch veränderte Zutaten ebenso. Die Herstellung und Weiterverarbeitung von Produkten erfolgt im Bio-Bereich mit strengen Auflagen und einer begrenzten Anzahl von Zusatz- und Hilfsstoffen; diese sind natürlichen Ursprungs (wie Rauch, Getreidestärke, natürliche Aromastoffe, Johannisbrotkernmehl, Agar Agar). Ein Beispiel: Für konventionelle Lebensmittel sind über 300 Lebensmittelzusatzstoffe zugelassen, die EU-Öko-Verordnung lässt 49 zu, die Bio-Verbände rund 20, und hier nur für bestimmte Produktgruppen und Verarbeitungsschritte sowie teilweise erst nach schriftlicher Genehmigung durch den Verband. Enzyme (selbstverständlich ohne gentechnische Veränderungen) sind nach

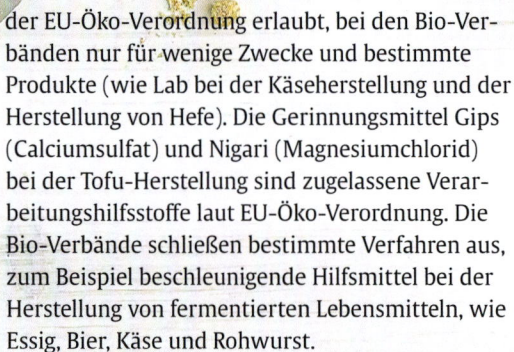

der EU-Öko-Verordnung erlaubt, bei den Bio-Verbänden nur für wenige Zwecke und bestimmte Produkte (wie Lab bei der Käseherstellung und der Herstellung von Hefe). Die Gerinnungsmittel Gips (Calciumsulfat) und Nigari (Magnesiumchlorid) bei der Tofu-Herstellung sind zugelassene Verarbeitungshilfsstoffe laut EU-Öko-Verordnung. Die Bio-Verbände schließen bestimmte Verfahren aus, zum Beispiel beschleunigende Hilfsmittel bei der Herstellung von fermentierten Lebensmitteln, wie Essig, Bier, Käse und Rohwurst.

Wie werden die Lebensmittel gekennzeichnet?

Ein Produkt darf nur dann als Bio-Produkt gekennzeichnet in den Handel gelangen, wenn, nach EU-Öko-Verordnung, mindestens 95 % der Zutaten landwirtschaftlichen Ursprungs aus Bio-Erzeugung stammen. Die restlichen 5 % können aus konventioneller Landwirtschaft stammen, aber nur, falls die Zutaten nicht in Bio-Qualität zur Verfügung stehen. Ein Hersteller darf aber die gleiche Zutat nicht aus Bio- und konventioneller Landwirtschaft verarbeiten. So muss in einem Brotaufstrich mit Roter Bete die Rote Bete zu 100 % aus biologischem Anbau stammen. Wasser, Salz und ein Großteil der Zusatzstoffe zählen übrigens nicht zu den Zutaten landwirtschaftlichen Ursprungs.

Diese sind auf der Verpackung daher nicht mit einem Sternchen (* = Zutaten aus Bio-Erzeugung) gekennzeichnet. Die Bio-Zutaten müssen mit diesem extra Hinweis, dass es sich um eine Zutat aus ökologischer Erzeugung handelt, gekennzeichnet werden.

Was gibt es im Bioladen?

Hier finden Sie eine persönliche Auswahl für die schnelle Genussküche:

Fertigmischungen
Aus Mais, Hafer, Grünkern, Linsen oder Kichererbsen – im Bioladen finden sich eine Vielzahl von Fertigmischungen für Bratlinge und Burger, mal südländisch mediterran, mexikanisch, indisch, arabisch (wie Falafelmischung) oder bodenständig deutsch. Ebenso gibt es bereits fertig geformte Tofu-, Gemüse- und Fleischburger, verschiedene Gemüsetaschen und Kartoffelprodukte. Passende Fertigsaucen runden die Gerichte ab.

Wer Überraschungsbesuch bekommt, der kann auf Kuchenfertigmischungen zurückgreifen. Auch in Brotmischungen und Mehlspeisen wie Kaiserschmarrn sind schon die meisten Zutaten enthalten. Hobby-Bäckern, die sich lieber auf die Füllung oder den Belag konzentrieren, wird mit frischen

Teigen wie Nudelteig, Blätter- oder Hefeteig weitergeholfen.

Nudeln mit Sauce

Liebhaber der italienischen Küche finden im Kühlregal diverse frische Nudeln, Gnocchi und Tortellini. Die Nudeln sind oft im Bronze-Verfahren hergestellt, sodass die Nudeloberfläche rau ist und die Sauce besser haftet. Außerdem gibt es Pastasaucen, sowohl aus dem Kühlregal als auch im Glas konserviert, und Käsemischungen (oder lassen Sie sich an der Käsetheke beraten). Mit Klassikern der (süd)deutschen Küche, wie Spätzle, Knödel(teig) oder Schupfnudeln, sind schnell Beilagen zubereitet.

Fertigsuppen und -salate

Im Kühlregal finden sich Suppen zum Erwärmen sowie Getreide- und Hülsenfruchtsalate, die zum sofortigen Verzehr geeignet sind. Die Suppen im Kunststoffbecher lassen sich übrigens im Wasserkocher erwärmen (zum Beispiel im Büro, wenn es keine andere Möglichkeit gibt). Dazu einfach den Deckel abnehmen und den Suppenbecher für 10 Minuten ins heiße Wasser stellen, gelegentlich umrühren, fertig.

Fertigsalatmischungen (Blattsalate) sind immer wieder in der Kritik wegen möglicher Keimbelastungen. Wer gerne Vitamine isst, schneidet sich seinen Salat am besten selbst. Eisbergsalat und Chinakohl sind besonders schnell zubereitet. Eiersalat, Farmersalat, Fleischsalat, Taboulé (auch zum Selbstzubereiten) – die Bio-Hersteller bieten eine breite Auswahl.

Dips und Brotaufstriche

Viele Bioläden bieten ein reichhaltiges Sortiment an Dips und Brotaufstrichen an, die Hersteller lassen sich gerne neue Kreationen einfallen. Da bieten sich tolle Möglichkeiten, um neben Wurst und Käse neue Geschmacksrichtungen auf das Brot oder in den Wrap (die gibt's schon fertig) zu bringen. Am besten ergänzt mit etwas geraspelter Karotte, Tomaten- oder Gurkenscheiben, Paprikastreifen, sauren Gurken oder Sprossen, je nach Jahreszeit.

Was es sonst noch gibt

Tiefkühlkost. Die meisten Bioläden bieten eine große Auswahl an tiefgekühlten Speisen: Gemüsemischungen, Fisch, Fleisch, Beilagen, Pizzen, Flammkuchen, ganze Mahlzeiten, Beeren oder Eis.

Brot und Backwaren. Für das Sonntagsfrühstück finden sich im Bioladen verschiedene Brötchen oder Croissants zum Fertigbacken. Es gibt übrigens sogar Glückskekse in Bio-Qualität – wir finden, dass die auch gut schmecken. Und Glück bringen sie sowieso!

Frische und kreative Convenience-Küche

Joachim Schwarz und Timo Kreuzer, Profiköche aus Leidenschaft, sind überzeugt: Auch der Bio-Käufer möchte gesunde und schmackhafte Convenience-Produkte kaufen. Unter dem Namen JooTi bieten sie seit 2007 vegane Fertiggerichte an – frisch gekocht und frei von Zusatzstoffen. Und sie zeigen damit, welche Geschmacksvielfalt in veganen Gerichten steckt.

▲ Joachim Schwarz (l.) und Timo Kreuzer (r.) von JooTi bei München sind überzeugt, dass die vegane Ernährung die Ernährung der Zukunft ist. Deshalb bieten sie vegane Fertiggerichte an.

Bereits in der Früh dampft es aus den Töpfen in der JooTi-Küche in Gauting bei München. Insgesamt bis zu 20 verschiedene Suppen, Hauptspeisen und Salate bereiten die beiden Köche täglich frisch zu. Von fruchtiger Tomatensuppe, Kürbissuppe mit Kokosmilch und Ingwer oder Paprika-Orangen-Suppe über Wiener Kartoffelgulasch und Kürbistajine bis hin zu toskanischem Bohnen-Salat und arabischem Taboulé.

Vorreiter für vegane Convenience

Timo Kreuzer und Joachim Schwarz waren Kollegen im ersten veganen Restaurant Münchens. Schnell wurde ihnen klar, dass sie sich zusammen selbstständig machen möchten. Den überzeugten Bio-Köchen war „es deutlich, dass wir genussvolle, vegane Gerichte und eine einfache Zubereitung beim Verbraucher verbinden möchten", erinnert sich Timo Kreuzer. Sie kreierten als eine der ersten in Deutschland konsequent frische vegane Bio-Fertiggerichte für die Kühltheke und wählten die geschmackvollsten und becherkompatiblen Speisen aus. Bei der Suche nach ihrem Firmennamen waren sie sich schnell einig: Aus jeweils den ersten beiden Anfangsbuchstaben ihrer Vornamen und dazwischen einem kleinem „o" für organisch wurde JooTi geboren. Inzwischen sind JooTi-Gerichte deutschlandweit und sogar in Frankreich und Österreich vorwiegend in Bio-Supermärkten erhältlich.

Die ausschließliche Verwendung von Bio-Zutaten steht für JooTi als Mindeststandard außer Frage. Grundsätzlich steht der vegane Gedanke im Vordergrund: „Für uns ist die vegane Ernährung die Ernährung der Zukunft", sagt Koch und Ernährungswissenschaftler Joachim Schwarz überzeugt. „Vegan leben ist nicht nur ein ökologischer Lifestyle. Vegane Küche bedeutet für uns eine ethische und gesundheitlich besonders vorteilhafte Ernährungsweise". Das ist Motivation und Antrieb für Joachim Schwarz und Timo Kreuzer, der hinzufügt: „Wir wollen unsere Kunden aber nicht bekehren, sondern sie mit unseren Gerichten beglücken und zu einem fleischfreien Essensstil anregen".

Die Inspiration zu neuen Rezepturen holen sich die beiden beim entspannten Kochen für Familie und Freunde, bei kulinarischem Lesestoff oder durchaus auch bei Fleischgerichten, die sie dann vegan nachempfinden. Auch Kundenrückmeldungen sind ihnen wichtig, „da die Gerichte ja nicht nur uns schmecken müssen", wie Joachim Schwarz schmunzelnd bemerkt.

Mit guten Ideen vorangehen

Bei der handwerklichen Herstellungsweise ist es konsequent, dass viele der Bio-Rohstoffe aus der Region kommen, so das Gros des Gemüses. JooTi kooperiert aus Überzeugung mit regionalen Bio-Bauern und stellt damit sicher, dass viele der Zutaten für sie rund ums Jahr verfügbar sind. „Es macht einfach Freude mit dem zu kochen, was in unserer Umgebung wächst, sowie die regionalen Gemüsebauern mit einzubinden", sagt Timo Kreuzer voller Stolz. Das neueste Projekt

der beiden: Gemeinsam mit regionalen Bio-Landwirten und dem Verein Unser Land entwickelten sie 2012 Suppen aus Gemüse, das nicht der Handelsnorm entspricht. So wandern krumme Karotten und knollige Kartoffeln nicht in die Mülltonne, sondern in die Kochtöpfe von JooTi. Eine tolle und runde Sache!

JooTis Zubereitungstipps

Die JooTi-Fertiggerichte können, wie der Name sagt, natürlich direkt verspeist werden. Aber auch die eine oder andere Ergänzung ist möglich. So bereichern Tofu-Knacker, Backerbsen, frische Kräuter, geröstete Brotwürfel oder Nüsse manches Gericht. Der Couscous-Salat und das Arabische Taboulé eignen sich in erwärmtem Zustand als Beilage für Gemüsegerichte wie gefüllte Auberginen, Ratatouille oder gedünsteten Chicorée und zu verschiedenen Fleischeintöpfen. Das Daal, ein indisches Linsengericht, wird mit Basmatireis zu einer vollen Mahlzeit. Der Schwäbische Linseneintopf macht gleich mehrere Esser satt, wenn man Würstchen (vegan oder mit Fleisch) hinzufügt. Besonders vielfältig ist die Tomatensuppe durch ihre cremige Konsistenz. Aus ihr lassen sich allerlei Saucen wie Bolognese oder Amatriciana zaubern oder sie ist Basis für Aufläufe, Lasagne und vieles mehr. Der Kreativität sind hier keine Grenzen gesetzt.

Orientalische Falafel-Suppe

Falafel mal anders

**Für 4 Personen
als Vorspeise**
gelingt leicht
🕐 25 Minuten

1 l Wasser oder
Gemüsebrühe
4 gehäufte EL Falafel-
mischung (z. B. von
der Bohlsener Mühle)
2 Msp. Kurkumapulver
2 Msp. Chilipulver
Salz
10 Blättchen Basilikum
3–4 EL Sahne
2 EL Zitronensaft

- Wasser oder Gemüsebrühe zum Kochen bringen. Falafelmischung unter Rühren zufügen. Mit Kurkuma, Chili und Salz würzen und 15 Minuten unter gelegentlichem Rühren köcheln lassen.
- Basilikum waschen, trocken schütteln und in feine Streifen schneiden.
- Am Ende der Kochzeit die Suppe mit der Sahne schaumig aufmixen. Mit Zitronensaft und Basilikum verfeinern, abschmecken und servieren.

Das passt dazu: Als schnelle Einlage in die Suppe eignen sich Backerbsen (z. B. von der Spielberger Mühle).

Tipp: Die Falafelmischung ergibt natürlich auch feine Falafel. Aus 100 g Falafelmischung erhalten Sie etwa 8 Falafel. Falafel sind schnell zubereitet und können mit Fladenbrot, in Wraps oder zu einem Salat gegessen werden.

Cremiger Taboulé-Salat mit Schafskäse

Aromatisch und harmonisch

Für 4 Personen als Beilage
gut vorzubereiten
⏱ 15 Minuten + 60 Minuten Kühlen

300 ml Wasser · 200 g Taboulé-Fertigmischung (z. B. von der Bohlsener Mühle) · 1 kleine Frühlingszwiebel · 1 kleine Salatgurke · ½ Bund Petersilie · 200 g Schafskäse · 100 g Joghurt, natur · 6 EL Olivenöl · 1 EL Zitronensaft · Salz · Pfeffer · 1 Granatapfel

- Wasser zum Kochen bringen. Taboulé-Fertigmischung mit kochendem Wasser übergießen und 10 Minuten quellen lassen. Anschließend abkühlen lassen.
- In der Zwischenzeit die Frühlingszwiebel waschen und in Ringe schneiden. Die Gurke waschen, nach Belieben schälen und entkernen, dann mundgerecht würfeln. Die Petersilie waschen, trocken schütteln und fein hacken. Den Schafskäse klein würfeln.
- Diese Zutaten mit Joghurt, Olivenöl und Zitronensaft unter die fertige Taboulé-Mischung rühren. Mit Salz und Pfeffer abschmecken. Den Taboulé-Salat etwa 60 Minuten im Kühlschrank ziehen lassen.
- Anschließend den Granatapfel halbieren und die Kerne über den Salat streuen.

Würzige Grillkäse-Spieße

Ein Hit auf jeder Grill-Party

Für 4 Personen als Beilage
gut vorzubereiten
⏱ 20 Minuten

400 g Grillkäse (z. B. von BioVerde) · 2 rote Paprikaschoten · 1 große rote Zwiebel · 2 EL Barbecueöl (z. B. von Ölmühle Solling) · 1 EL Honig · 1 TL Thymian, gemahlen · Salz · Pfeffer

- Den Grillkäse in große Würfel schneiden. Die Paprikaschoten waschen, halbieren, entkernen und in gleich große Stücke schneiden. Die Zwiebel abziehen, vierteln und in die einzelnen Schalen teilen.
- Öl, Honig und Thymian verrühren. Mit Salz und Pfeffer abschmecken.
- Grillspieße abwechselnd mit Grillkäse und Gemüse bestücken. Mit der Marinade bestreichen.
- Die Spieße auf dem heißen Grill (auf Alufolie) von allen Seiten etwa 2–3 Minuten braten.

Das passt dazu: Ingwer-Limetten-Chutney von cosmoveda

Tipp: Grill- oder Bratkäse gibt es im Bioladen schon fertig mariniert oder als Natur-Variante.

Frische Fettuccine all'amatriciana

Italienische Schärfe ganz schnell gezaubert

Für 4 Personen als Hauptspeise
geht schnell
🕙 20 Minuten

---

100 g Schinkenspeck (z. B. von Chiemgauer Natur-fleisch) · 1 Schalotte · 1 Knoblauchzehe · 2 EL Oli-venöl · 450 ml Tomatensuppe (z. B. von JooTi) · 2–3 TL Chili-Tomaten-Confit (z. B. von Tomate7) · Salz · Pfeffer · 500 g Fettuccine (z. B. von Antonett Briese Nudelmanufaktur) · 2 EL Rapskernöl mit Buttergeschmack (von der Teutoburger Mühle) oder Butteria Bratöl (von Saumweber) · 50 g Peco-rino · ½ Bund Basilikum

- Schinkenspeck in dünne Streifen schneiden. Schalotte und Knoblauch abziehen und fein würfeln.
- Speck und Zwiebeln in Olivenöl anbraten. Knoblauch zufügen und kurz mit anbraten.
- Tomatensuppe und das Confit zugeben und 10 Minuten köcheln lassen. Mit Salz und Pfeffer abschmecken.
- In der Zwischenzeit Salzwasser in einem gro-ßen Topf zum Kochen bringen. Den Pecorino reiben. Basilikum waschen, trocken schütteln und grob schneiden.
- Fettuccine-Nester in das kochende Wasser ge-ben und dabei etwas lockern. Kochzeit nach Kochanleitung des Herstellers – meistens je nach gewünschter Bissfestigkeit 1–2 Minuten. Nudeln während des Kochens leicht bewegen.
- Nudeln abgießen und dabei 2 Esslöffel des Kochwassers übrig behalten. Die Nudeln mit Rapskernöl vorsichtig benetzen und das übrig gebliebene Kochwasser untermischen.
- Die Nudeln in einen tiefen Teller geben und die Tomatensauce dazugeben. Mit Basilikum und Pecorino garnieren.

Tortellini-Suppe mit Rosmarin

Ungewöhnlich, aber köstlich!

Für 4 Personen als Hauptspeise
preisgünstig
🕙 20 Minuten + 25 Minuten Kochzeit

---

2 Zwiebeln · 6 EL Olivenöl · 1 Flasche stückige To-maten (etwa 690 g, z. B. von LaSelva) · 2 Packun-gen Tortellini (à 250 g) – Sorte nach Belieben · 1 TL Rosmarin · 3–4 Lorbeerblätter · Salz · Pfeffer · 50 g Parmesan · 4 EL Sahne

- Die Zwiebeln abziehen und in Ringe schneiden. In einem Topf in heißem Olivenöl anbraten, bis sie leicht Farbe annehmen.
- Mit den Tomaten aufgießen und gut die 1½-fa-che Menge Wasser (oder Brühe) zufügen. Tortellini, Rosmarin und Lorbeer dazugeben, nach Geschmack salzen und pfeffern. Die Sup-pe etwa 15 Minuten köcheln lassen (oder sich nach der Kochzeit der Tortellini richten).
- In der Zwischenzeit den Käse reiben.
- Die Sahne zur Suppe dazugeben und nochmals kurz ziehen lassen. Die Suppe mit Salz und Pfeffer abschmecken, Lorbeerblätter entfernen. Falls die Suppe zu dick ist, mit etwas Wasser oder Brühe verdünnen.
- In Tellern anrichten und mit Käse bestreuen.

Tipp: Frischer Lorbeer duftet viel intensiver als getrockneter. Falls Sie die Möglichkeit haben, ein Sträußchen im Bioladen zu kaufen – es lohnt sich! Zur Tomatensaison zusätzlich ein paar frische Tomaten (vorher häuten) mit-kochen.

Gnocchi mit Rucola-Käse-Sauce

Mit gerösteten Pinienkernen

Für 4 Personen als Hauptspeise
gelingt leicht
🕐 25 Minuten

400 g frische Gnocchi (z. B. von Pasta Nuova oder Hierl – Der Nudelmacher) · 1 Bund Rucola · 8–10 Cocktailtomaten · 1 EL Pinienkerne · 4 EL Olivenöl · 2 EL Balsamico Bianco Condimento (z. B. von Naturata) · 1 EL Haselnussmehl (z. B. von Ölmühle Solling oder von Holledauer Haselnuss) · 150 ml Gemüsebrühe · 100 g Sahne · 1 Msp. Muskat · Salz · Pfeffer · 100 g Gratinkäse

- Gnocchi nach Packungsanleitung kochen, abgießen und abtropfen lassen.
- In der Zwischenzeit den Rucola waschen, trocken schütteln und klein schneiden. Die Tomaten waschen und halbieren. Pinienkerne ohne Öl in der Pfanne kurz anrösten und beiseitestellen.
- In der gleichen Pfanne die Tomaten in Olivenöl auf der Schnittseite kurz anbraten. Mit Balsamico ablöschen und einreduzieren lassen.
- Die abgetropften Gnocchi zufügen und kurz mitdünsten. Mit Haselnussmehl bestäuben. Anschließend mit Gemüsebrühe und Sahne ablöschen. Muskat und die Hälfte des geschnittenen Rucola zugeben, kurz aufkochen lassen. Die Pfanne vom Herd nehmen. Mit Salz und Pfeffer abschmecken.
- Die Käse-Mischung ohne Rühren zufügen und bei geschlossenem Deckel schmelzen lassen. Mit der zweiten Hälfte des Rucola und mit den Pinienkernen garnieren und servieren.

Arabische Frischkäsemischung mit Datteln

Wie aus 1001 Nacht

Für 4 Personen als Brotaufstrich
geht schnell
🕐 10 Minuten

125 g Ziegenfrischkäse · 1 kleine, frische Chilischote · 80 g Datteln, getrocknet (entsteint, z. B. von Rapunzel) · ½ TL Schwarzkümmel · ½ Glas Gewürzblütencreme mit Curry (von LaSelva)

- Den Frischkäse mit einer Gabel grob zerdrücken. Die Chilischote waschen, der Länge nach halbieren, Kerne entfernen und klein hacken. Die Datteln in Scheibchen schneiden.
- Den Frischkäse mit Chili, Datteln, Schwarzkümmel und Gewürzblütencreme vermengen.

Exotischer Tofu-Aufstrich

Tofu aufs Brot

Für 4 Personen als Brotaufstrich
geht schnell
🕐 15 Minuten

100 g Karotten · 30 g Lauch · 1 EL Bratöl · 4 EL Wasser · 100 g Tofu, natur · 1 EL Limette-Oregano
Marinade (von Beltane grill & wok) · Salz · Pfeffer

- Die Karotten waschen, schälen und in feine
  Streifen schneiden. Den Lauch der Länge nach
  halbieren, waschen und in dünne Halbmonde
  schneiden.
- Öl erhitzen und das Gemüse darin kurz anbraten, 3 Esslöffel Wasser zufügen und bissfest
  garen.
- Den Tofu grob zerteilen und mit der Marinade
  und ein Esslöffel Wasser zu einer feinen Creme
  pürieren. Das Gemüse untermischen und mit
  Salz und Pfeffer abschmecken. Mit kernigem
  Brot servieren.

Variante: Statt der fertigen Marinade kann die
Tofucreme mit Curry, klein geschnittenem Ingwer und ein Esslöffel Sesamöl nativ gewürzt
werden.

Tipp: In der verbleibenden Marinade können
noch 400 g Fleisch, Gemüse, Tofu oder Tempeh
mariniert werden.

Arabische
Frischkäsemischung
mit Datteln

Tarte Tatin

Süße Verführung aus dem Ofen

UNSER REZEPT

TOP TEN

Für 4 Personen – Für eine Tarteform mit Ø 28 cm
geht schnell

🕐 25 Minuten + 20 Minuten Backzeit

etwa 300 g Blätterteig aus dem Kühlregal oder tiefgekühlt · 500 g säuerliche Äpfel, z. B. Boskoop ·
40 g Zucker · 60 g Butter
Für die besondere Note: ¼–½ Päckchen Bratap-
felfüllung (von Biovita Naturkost) oder Bio-Feinschmecker Gewürze „Süßes aus aller Welt" (von
Herbaria)

- Die Tarte Tatin wird verkehrt herum gebacken –
  der Belag unten, der Teig oben – und nach dem
  Backen gestürzt.
- Den Blätterteig gegebenenfalls auftauen lassen.
  Äpfel waschen, schälen, achteln und entkernen.
- Eine Tarteform aus Metall auf den Herd stellen,
  Zucker einstreuen und erhitzen, bis der Zucker
  zu karamellisieren beginnt. Die Form vom Herd
  nehmen, Butter in Scheiben darauf verteilen.
  Anschließend die Äpfel dicht an dicht legen.
  Wieder auf den Herd stellen und etwa 10 Minuten köcheln lassen. Immer wieder gucken,
  dass die Äpfel nicht anbrennen (passiert leicht
  in der Mitte). Die Gewürzauswahl für die besondere Note auf den Äpfeln verteilen.
- Den Backofen auf 220 °C (Umluft: 190 °C) vorheizen.
- Den Blätterteig auf die Größe der Form auswellen und über die Äpfel legen, die Ränder leicht
  nach unten drücken. Im vorgeheizten Ofen auf
  der mittleren Schiene etwa 15–20 Minuten backen. Aus dem Backofen nehmen. Die Tarte auf
  eine ausreichend große Tortenplatte stürzen.

Das passt dazu: geschlagene Sahne

Lockerer Kaiserschmarrn mit Birnenragout

Das mögen nicht nur Kinder

Für 3–4 Personen als Nachspeise
schön für Gäste

🕐 25 Minuten

4 Birnen · 2 EL Rohrohrzucker · 3 EL Quittensaft ·
2 EL Mandelstifte · 2 Msp. Kaffeegewürz (z. B. von
Sonnentor) · 1 Prise Salz · 2 Eier (Anzahl der Eier
den Herstellerangaben anpassen) · 160-g-Packung
Kaiserschmarrn-Teigmischung (z. B. von Bauckhof) · 150 ml Milch (Milchmenge den Herstellerangaben anpassen) · 2 EL Ghee · 2 TL Butter · 2 EL frische Minze · Puderzucker · fertige Schokosauce
(von Voodoo Food)

- Birnen waschen, vierteln, entkernen und in
  mundgerechte Würfel schneiden.
- Zucker und Saft in einer Pfanne erhitzen, bis
  der Zucker zu karamellisieren beginnt. Birnen,
  Mandelstifte, Kaffeegewürz und Salz zugeben
  und 2–3 Minuten dünsten. Vom Herd nehmen
  und bei geschlossenem Deckel warm halten.
- Den Kaiserschmarrn-Teig nach Packungsbeilage
  zubereiten und backen.
- Die Birnenragout-Pfanne auf die warme
  Kochplatte stellen und nochmals kurz aufkochen lassen. Am Ende die Butter zugeben und
  schwenken, bis sie zerschmolzen ist.
- Die Minze waschen, trocken schütteln, fein hacken und über das Ragout streuen.
- Den Kaiserschmarrn mit Puderzucker bestäuben, mit Schokosauce beträufeln und mit dem
  warmen Birnenragout servieren.

Tipp: Das Birnenragout mit einem Schuss Rum
oder Williams-Christ-Schnaps verfeinern.

Tarte Tatin

Rotbackige Äpfel, duftende Melonen und süße Beeren laden je nach Saison zu fruchtigem Genuss ein. Doch was ist eigentlich Obst? Obst sind die Früchte von mehrjährigen Pflanzen, in der Regel von Bäumen, Sträucher und Stauden, und Obst schmeckt süß. Es enthält viele Vitamine (insbesondere Vitamin C), Mineralstoffe (Kalium, Phosphor, Calcium, Magnesium u. a.) und sekundäre Pflanzenstoffen (Farb-, Geschmacks- und Geruchsstoffe). Saftiges Obst ist erfrischend und spendet Feuchtigkeit.

Was gibt es im Bioladen?

Verschiedene Obstsorten

Der Handel unterscheidet Kern-, Stein-, Beeren- und Schalenobst.

Kernobst. Äpfel, Birnen, Quitten

Steinobst. Süß- und Sauerkirschen, Pflaumen, Zwetschen, Aprikosen, Pfirsiche, Mirabellen, Renekloden, Schlehen

Beerenobst. Erdbeeren, Stachelbeeren, Johannisbeeren, Jostabeeren, Brombeeren, Himbeeren, Heidelbeeren, Preiselbeeren, Holunderbeeren

Zitrus- und Südfrüchte. Orangen, Mandarinen, Zitronen, Kumquats, Mangos, Bananen, Kokosnüsse, Avocados, Kiwis, Granatäpfel, Ananas. Insbesondere Bananen sind häufig zusätzlich fair gehandelt.

Melonen und Rhabarber sind streng genommen Gemüse. Was die Küchenpraxis betrifft, wird beides jedoch eher wie Obst verwendet.

Neben der reichhaltigen Auswahl an frischem Obst findet der Bioladenkäufer Obst in verarbeiteter Form, wie Obstkompotte, Rote Grütze, Säfte, Fruchtsaucen und Smoothies.

Konservierte Früchte in Form von Trockenobst hat der Bioladen auch parat, zum Beispiel: Ananas, Äpfel, Aprikosen, Bananen, Birnen, Cranberrys, Datteln, Feigen, Gojibeeren, Korinthen, Mango, Maulbeeren, Papaya, Pflaumen, Rosinen, Sauerkirschen und Sultaninen.

Schalenobst oder Nüsse

Zu den Nüssen zählen: Cashewnüsse, Edelkastanien, Haselnüsse, Kokosnüsse, Macadamianüsse, Mandeln, Paranüsse, Pekannüsse, Pinienkerne, Pistazien, Walnüsse, Zedernüsse.

Die Erdnuss ist botanisch gesehen eine Hülsenfrucht, findet in der Küchenpraxis jedoch häufig wie andere Nüsse Verwendung.

Wie Nüsse zu verwenden ist die zunehmend bekanntere Erdmandel – auch Chufa genannt – ein Zypergras, dessen Verdickungen der unterirdischen Ausläufer essbar sind.

Ölsaaten

Unter Ölsaaten sind die Samen zusammengefasst, aus denen Öl gewonnen werden kann und die gleichzeitig auch direkt verzehrt werden können: Hanfsamen, Leinsamen, Leindotter, Mohn, Kürbiskerne, Sesam und Sonnenblumenkerne.

In Nüssen und Ölsaaten stecken viele Nährstoffe. Sie enthalten zwischen 40 und 70 % Fett, mit einem hohem Anteil einfach und mehrfach ungesättigter Fettsäuren, inklusive essentieller (das heißt der Körper ist auf die Zufuhr angewiesen), mehrfach ungesättigter Fettsäuren wie Linolsäure und Alpha-Linolensäure. Ebenso zeichnen sie sich durch hohe Gehalte an Vitamin E, B-Vitaminen, Kalium, Magnesium, Phosphor, Zink, Calcium und Eisen aus.

Obst & Nüsse in der Küche

Frisches Obst, in Stücke geschnitten, bietet sich als Snack oder Nachspeise an.

Aus Obst, Beeren, Fruchtsaucen, Mus oder Smoothies, kombiniert mit Joghurt oder Seidentofu, entstehen erfrischende Nachspeisen oder Getränke (siehe S. 75). Kompotte, Mus und Obstkaltschalen sind ebenfalls beliebt. Obst lässt sich auch gut als Torten- oder Kuchenbelag verwenden oder zu Gelees und Marmeladen weiterverarbeiten. Beeren in Kombination mit einem Geliermittel oder Stärke ergeben erfrischende Beerengrützen.

Neben Süßspeisen werden Äpfel traditionell als Füllung für Geflügel (Ente, Gans) oder mit Sauerkraut oder Rotkraut verarbeitet. Im Waldorfsalat

WISSEN

Rosinen

Bei Rosinen handelt es sich um die getrockneten Früchte der Weinbeeren, gleichzeitig ist der Begriff „Rosinen" der Oberbegriff für alle getrockneten Weinbeeren. Je nach Rebsorte wird folgendermaßen unterschieden: Sultaninen stammen von der Sultana-Traube, sie sind goldgelb, besonders süß und kernlos. Die Trauben für die kleinbeerigen Korinthen wachsen an der Rebsorte Korinthiaki. Korinthen sind schwarzbraun bis schwarzblau, kernlos und kräftig im Geschmack.

finden sich neben Sellerie und Mayonnaise auch Äpfel und Walnüsse.

Trockenobst kann zum Süßen von Speisen empfohlen werden (vorher einweichen) oder für Füllungen von Fleisch.

Nüsse und Ölsaaten finden sich im Studentenfutter und runden viele süße und pikante Speisen ab: geröstet über Salate oder Getreide- und Reisbeilagen gestreut, zu Müsli und Nachspeisen, für Füllungen (wie Nussschnecken) und Kuchen. In der Pfanne ohne Fett geröstet und mit wenig Sojasauce abgelöscht, ergeben Nüsse und Ölsaaten einen guten Snack.

Wie wird Obst gelagert?
Im Haushalt wird Obst meistens nur in Mengen für den baldigen Verzehr gelagert.

Ein kleiner Überblick über die Lagertemperaturen für Obst bei Ihnen zu Hause:

Lagerung bei Zimmertemperatur. Ananas, Bananen, Avocados, Granatäpfel, Mangos, Papayas, Passionsfrüchte, Zitrusfrüchte, Melone, Wassermelonen

Kühle Lagerung. (Keller, kühle Speisekammer oder Kühlschrank) Äpfel, Aprikosen, Beerenobst, Birnen, Erdbeeren, Feigen, Kirschen, Kiwis, Nektari-

nen, Pflaumen, Pfirsiche, Rhabarber, Weintrauben, Zwetschen

Zubereitungstipps
Waschen Sie Obst und Beeren am besten erst unmittelbar vor dem Verzehr. Ungewaschen sind die Früchte länger haltbar. Trockenfrüchte sind ein guter Snack, man kann sie für Müslis und Süßspeisen in Wasser oder Saft einweichen. Nüsse und Ölsaaten entfalten durch Rösten in der Pfanne ein besonders intensives Aroma. Damit geriebene Äpfel oder aufgeschnittene Avocados nicht unschön braun werden, beträufeln Sie sie am besten mit Zitronensaft, dadurch bleibt die Farbe erhalten.

Wie werden Nüsse und Ölsaaten gelagert?
Nüsse und Ölsaaten mögen es am liebsten kühl, trocken und dunkel und sind so gelagert viele Monate haltbar. Nüsse und Ölsaaten, insbesondere gemahlene Nüsse und Mandeln, können bei feucht-warmer Lagerung schimmeln, sie sollten dann auf keinen Fall mehr verzehrt werden. Diese Schimmelpilze bilden Gifte, die so genannten Aflatoxine, die farb-, geruchs- und geschmacksneutral sind. Beim Verzehr merkt man das daher nicht, sie sind jedoch hochgiftig und können Leber und Nervensystem schädigen, außerdem gelten sie als krebserregend.

Von Äpfeln, Rosen und Bienen

35.000 Apfel- und Obstbäume wachsen auf der Demeter Obstplantage von Thea und Rolf Clostermann am Niederrhein. Da steckt viel Arbeit dahinter, bis Tafelobst, Apfelsaft und Apfelperlgetränke im Ladenregal stehen. Doch damit nicht genug: Den Neuhollandshof besuchen jährlich bis zu 6000 Besucher für Plantagenführungen und zu Kulturveranstaltungen im Teehaus.

▲ Thea und Rolf Clostermann bieten neben verzehrfertigem Bio-Tafelobst veredelte Produkte an, z. B. Apfelperlwein oder Apfelmark. Grundlage dafür ist eine breite Auswahl an alten und neuen Sorten, die auf ihrer Obstplantage am Niederrhein wachsen.

ch wollte schon immer einen kreativen Beruf ergreifen", sagt Rolf Clostermann, Inhaber der Demeter Obstplantage Neuhollandshof in Wesel. Er und seine Frau Thea sind die dritte Generation, die Obstbau auf dem Anwesen seiner Familie betreiben. Davor führten weitere zwei Generationen eine Landwirtschaft. Die Kreativität und Herausforderung sah Rolf Clostermann Anfang der 1980er in seiner Berufswahl, Obst ökologisch anzubauen. Damals gab es europaweit nur wenige Obstbauern, die diesen Schritt wagten. Anbauempfehlungen, Unkrautregulierung, Düngung, Sorten und vieles mehr erarbeitete sich der Bio-Obstbauer der ersten Stunde auf eigene Faust, ständig im Austausch mit Gleichgesinnten. 1982 erntete er die ersten Bio-Kirschen. Mit den Jahren kamen Äpfel dazu, die Gesamtumstellung erfolgte im Jahr 1993. Dass er den Betrieb bei Demeter zertifizierte, war Rolf Clostermann schnell klar. „Bei Demeter schätze ich den ganzheitlichen Ansatz, mit allen Kräften der Natur zu wirtschaften. Rudolf Steiner hat das bereits vor knapp 100 Jahren beschrieben." Was den Anbau betrifft, zählt dazu zum Beispiel die Ausbringung biologisch-dynamischer Präparate, „die ähnlich wie homöopathische Mittel wirken und unsere Bäume vitaler und widerstandsfähiger machen", so der erfahrene Obstbauer.

Apfel und Rose – Kulinarisches und Kulturgut

Heute gedeihen rund 30 Apfel- und Birnensorten, in kleinem Umfang auch Pflaumen und Walnüsse auf 20 Hektar. Das sind 35.000 Bäume, die jedes Jahr geschnitten werden müssen. Das Obst, alles von Hand geerntet, verkaufen Clostermanns zum Großteil als Tafelobst, sowohl im angegliederten Hofladen als auch in Bioläden der Region. „Unsere Kunden schätzen die breite Auswahl an alten und neuen Sorten. Zubereitungstipps gebe ich gerne weiter", so die leidenschaftliche Köchin und Sozialpädagogin Thea Clostermann. Nicht vermarktungsfähige Äpfel, die zum Beispiel wenige Schorfstellen haben und die der Handel so nicht akzeptiert, lassen Clostermanns zu schmackhaften Köstlichkeiten wie Apfelsaft, Apfelperlwein, alkoholfreiem Aperitif, Apfelmark oder Apfelkraut verarbeiten. Der Apfelperlwein „Apfel & Rose" wurde vom Verein Apfel-Compagnie – Freunde und Förderer der Hessischen Apfelweinkultur – 2012 mit dem „Pomme d'Or" in der Kategorie National/International ausgezeichnet. Die verarbeiteten Rosen stammen ebenfalls vom Neuhollandshof. „1998 haben wir die ersten Sträucher am Ende jeder Obstbaumreihe angepflanzt. Weil Rosen einfach wunderschön für das Auge sind und ich die Rosenkultur schon seit langem bewundere", gibt der passionierte Rosenliebhaber preis. 4.000 Rosengewächse schmücken die Plantage. Diese Blütenpracht ist Anziehungspunkt für viele Besucher, die zu zahlreichen Führungen und kulturellen Veranstaltungen auf die Plantage und ins Teehaus, dem ehemaligen Kuhstall, kommen, die das kunst- und kulturinteressierte Ehepaar neben dem Obstbau auf die Beine stellen.

Pflanzenschutz auf der Demeter Obstplantage

Bodengesundheit ist die Basis für widerstandsfähige Pflanzen. Diese fördert Rolf Clostermann durch schonende Bodenbearbeitung, die Bodenverdichtungen vorbeugt und die Aktivität des Bodenlebens fördert. Schadinsekten und Krankheiten tauchen natürlich auch auf Öko-Plantagen auf. „Wir arbeiten so, dass wir zuerst die vorhandenen Regulierungs- und Ausgleichskräfte fördern. Das heißt, wir bieten Nützlingen wie Ohrwürmern, Wanzen, Schlupfwespen und Vögeln einen geeigneten Lebensraum. Denn für sie sind die Larven des Apfelblütenstechers oder -wicklers ein willkommenes Futter", sagt Rolf Clostermann. Gegen Pilzkrankheiten wie den Apfelschorf oder -mehltau kommen die im Öko-Obst-

bau zugelassenen Mittel wie Kupfer-, Schwefel-, Algen- und Pflanzenpräparate in kleinen Mengen zum Einsatz. „Wir achten insbesondere bei Kupfer und Schwefel darauf, dass die ausgebrachten Mengen dem Nährstoffbedarf entsprechen und wirken so einer Anreicherung im Boden vor", sagt der gelernte Obstbau-Techniker.

In Kooperation mit den Bienen

„Die Biene ist für den Obstbauern das, was die Kuh für die Landwirtschaft ist. Das heißt, wir sind auf die Bienen angewiesen", ist sich Rolf Clostermann bewusst. Durch das Sammeln der Pollen bestäuben sie jede Apfelblüte. Die Bienen haben so und durch die weiteren blühenden Wildblumen genügend Nahrung und Clostermanns eine Basis für einen guten Ertrag. Um die Bienen kümmern sich eine 2006 am Hof gegründete Imkergemeinschaft sowie Wanderimker.

▲ Alle packen an: Die Obsternte ist harte Arbeit – aber auch immer ein Highlight!

Vanilleparfait mit warmer Pflaumensauce

Zart und schmelzend

Für 4 Personen als Nachspeise
gelingt leicht
🕐 40 Minuten +
4 Stunden Gefrierzeit

Für das Parfait
4 Eier
1 Prise Salz
8 EL flüssiger Honig
(z. B. Akazienhonig)
oder Ahornsirup
1 TL Bourbon Vanille gemahlen
200 g Sahne
2 EL Schokoraspel
ein paar Blättchen frische Minze

Für die Pflaumensauce
(ergibt etwa 1 l Fruchtsauce)
900 g Pflaumen
100 ml Wasser
100 g Gelierzucker
Zimt nach Belieben

- Für das Parfait die Eier trennen. Eiweiß mit Salz und der halben Menge an Honig oder Sirup steif schlagen.
- Eigelb mit dem restlichen Honig und der Vanille schlagen, bis eine weiße Creme entsteht.
- Die Sahne ebenfalls steif schlagen. Eigelb und Sahne mischen, anschließend den Eischnee unterheben. Die Masse in Portionsförmchen füllen und gefrieren lassen (etwa 4 Stunden). Parfait muss, anders als Eis, nicht während des Gefrierens gerührt werden.
- In der Zwischenzeit die Pflaumensauce zubereiten. Sie können gleich eine größere Menge herstellen und den Rest in saubere Gläser einwecken (mindestens 6 Monate haltbar), sonst reicht ein Viertel der Menge.
- Die Pflaumen waschen und entsteinen. Mit Wasser und Gelierzucker zum Kochen bringen, nach Belieben noch eine gute Prise Zimt dazufügen. Die Pflaumen etwa 10 Minuten köcheln lassen, anschließend mit dem Pürierstab fein pürieren. Die gewünschte Menge für die Nachspeise beiseitenehmen. Den Rest nochmals aufkochen und heiß in saubere Gläser füllen, mit Deckeln fest verschließen und umgedreht erkalten lassen.
- Das Parfait aus dem Gefrierschrank holen, vor dem Servieren 5 Minuten bei Zimmertemperatur stehen lassen. Gegebenenfalls die Pflaumensauce nochmals erwärmen. Die Förmchen mit Schokoraspeln und ein paar Blättchen Minze garnieren, dazu die warme Pflaumensauce reichen.

Karamellisierte Kumquats mit Spekulatiusmousse

Ein Hauch von Weihnachten

Für 4 Personen als Nachspeise
schön für Gäste
⏱ 45 Minuten + 4 Stunden Kühlzeit

120 g Bitterschokolade, etwa 85 % Kakaoanteil · 2 Eier · 1 Prise Salz · 200 g Schlagsahne · 60 g Puderzucker · ½ TL Lebkuchengewürz (z. B. von Lebensbaum) · 4 Spekulatius-Kekse · 200 g Kumquats · 2 EL Rohrohrzucker · 150 ml Orangensaft

- Die Schokolade grob hacken und über einem Wasserbad schmelzen, das Wasser sollte nicht kochen. Vor der weiteren Verwendung die Schokolade etwas abkühlen lassen.
- Die Eier trennen. Eiweiß mit Salz halbfest schlagen.
- Die Sahne steif schlagen.
- Das Eigelb schaumig rühren. Puderzucker und Lebkuchengewürz nach und nach dazugeben und die Masse so lange schlagen, bis sie cremig-fest ist. Die geschmolzene, abgekühlte Schokolade unter die Eigelbmasse rühren.
- Eiweiß unter die Eigelbmasse heben, anschließend die Sahne. Die Spekulatius-Kekse zerkrümeln, vorsichtig unter die Mousse mischen.
- In eine Schüssel oder in Schälchen füllen und in 4 Stunden im Kühlschrank fest werden lassen.
- In der Zwischenzeit die Kumquats waschen und der Länge nach vierteln, dabei die Kerne entfernen. Zucker in einen Topf geben und bei mittlerer Temperatur erhitzen, bis er sich verflüssigt hat. Mit Orangensaft ablöschen und bei kleiner Hitze köcheln, bis sich das Karamell aufgelöst hat. Die Kumquats zugeben und 8 Minuten dünsten. Die Flüssigkeit bei offenem Deckel bis zur gewünschten Konsistenz reduzieren lassen. Zusammen mit der Mousse servieren.

Blaubeeren mit Haferflocken-topping

Fruchtig mit zarter Kruste

Für 4 Personen als Nachspeise
geht schnell
⏱ 10 Minuten + 20 Minuten Backzeit

250 ml Hafersahne (z. B. Hafer Cuisine von Oatly) · 100 g Butter + 1 TL zum Einfetten · 100 g Süßungsmittel, z. B. Ahornsirup, Apfelsüße, Agavendicksaft oder Akazienhonig · 140 g zarte Haferflocken · 3 TL Kakao · 250 g Blaubeeren, frisch oder gefroren

- Hafersahne, Butter, Süßungsmittel, Haferflocken und Kakao in einem Topf schmelzen.
- Frische Blaubeeren waschen und putzen. Eine feuerfeste Form mit Butter einfetten, Blaubeeren darin verteilen.
- Die Haferflockenmischung auf den Beeren gleichmäßig verteilen.
- Den Backofen auf 200 °C (Umluft: 180 °C) vorheizen. Die Nachspeise auf der mittleren Schiene 15–20 Minuten backen.

Das passt dazu: Vanilleeis oder Vanilleparfait mit warmer Pflaumensauce (siehe S. 176)

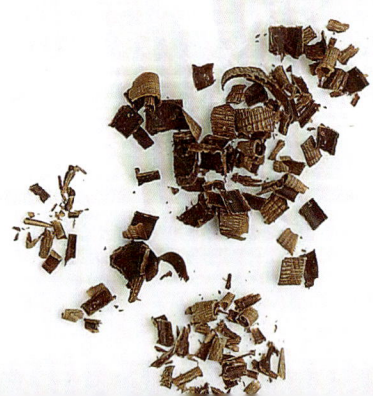

Feigenjoghurt mit Sesamkrokant

Süß und herrlich einfach

Für 4 Personen als Nachspeise
geht schnell
🕐 15 Minuten

8 getrocknete Feigen · 500 g Joghurt, natur ·
4 TL Apfelsüße (z. B. von Dolce Di) · 1 Packung
Sesam-Krokant-Riegel (z. B. von Allos) · ein paar
Blättchen frische Minze

- Von den Feigen den Stielansatz entfernen und
  die Früchte grob zerkleinern. In einem Pürier-
  oder Mixbecher die Feigen mit so viel warmem
  Wasser angießen, dass das Obst gerade bedeckt
  ist. 5–10 Minuten einweichen lassen.
- Die Feigen mit dem Einweichwasser cremig pürieren. Joghurt und Apfelsüße zufügen und gut
  verrühren.
- Den Joghurt auf vier Gläser verteilen. Die vier
  Scheiben Sesamkrokant klein hacken und auf
  dem Joghurt verteilen. Die Minze hacken und
  die Nachspeise damit garnieren.

Aromatischer Maroni-Kuchen mit Orange

Eine cremig-fruchtige Verführung

Für 1 Bachblech bzw. 2 runde Formen à Ø 26 cm
schön für Gäste
🕐 30 Minuten + 40 Minuten Backzeit

125 g Butter · 65 g Zucker · 1 Prise Salz · 1 Ei ·
250 g Dinkelmehl Type 1050 · 400 g Maroni, bereits geschält und gekocht · 100 ml Orangensaft ·
150 g Butter · 4 Eier · 180 g Puderzucker ·
2 Msp. abgeriebene Orangenschale

- Die zimmerwarme Butter sehr schaumig schla-
  gen, mit Zucker und Salz weiterschlagen. Das Ei
  zufügen und kurz verquirlen. Das Mehl mit der
  Butter-Zucker-Ei-Mischung verkneten. Vor der
  Weiterverarbeitung den Teig 30 Minuten ruhen
  lassen.
- Die Maroni mit dem Orangensaft cremig pürie-
  ren. In einen Topf füllen und langsam mit der
  Butter erwärmen. Gut rühren, bis sich Butter
  und Maronicreme verbunden haben.
- Eier, Puderzucker und Orangenschale unter die
  Creme mischen.
- Den Teig auf einer leicht bemehlten Arbeitsfläche auf die Größe eines Backbleches ausrollen.
  Dann den Teig vorsichtig auf das Wellholz auf-
  wickeln und auf einem (ungefetteten) Back-
  blech entrollen.
- Die Maronifüllung auf dem Teig verteilen.
- Den Backofen auf 180 °C (Umluft: 160 °C) vorheizen. Den Kuchen auf der mittleren Schiene
  etwa 35–40 Minuten backen.

Schokonusskuchen mit Haselnuss-Krokant

Von Sacher inspiriert

- Kuvertüre im Wasserbad schmelzen. Den Boden einer Springform (oder Backblech mit Tortenring) mit Backpapier auslegen, Rand nicht einfetten.
- Die Eier trennen. Eiweiß mit Salz cremig schlagen, Zucker nach und nach einrieseln lassen, es entsteht eine cremige, glänzende Masse.
- Die zimmerwarme Butter mit Puderzucker schaumig rühren, Eigelbe nach und nach dazugeben. Gut schlagen, es entsteht eine schaumige, hellgelbe Masse. Die geschmolzene, wieder etwas abgekühlte Kuvertüre unter die Eigelbmasse rühren. Das Eiweiß unterheben, anschließend das gesiebte Mehl und die gemahlenen Haselnüsse.
- Teig in die Form füllen. Den Backofen auf 170 °C (Umluft: 150 °C) vorheizen und den Kuchen auf der unteren Schiene etwa 60 Minuten backen. Kuchen aus der Form nehmen und auf einem Kuchengitter auskühlen lassen.
- Den Kuchen waagrecht in zwei Hälften teilen. Das Traubenkonzentrat erwärmen und den Boden damit bestreichen. Den oberen Teil daraufsetzen.
- Für das Haselnusskrokant die Haselnüsse in einer Pfanne ohne Fett mehrere Minuten rösten. Dabei löst sich die braune Schale. Die Nüsse auf ein Handtuch geben, mit einem anderen bedecken und so die restlichen Schalen abreiben. Die abgekühlten Haselnüsse grob hacken. Zucker und Wasser in der Pfanne erhitzen, bis der Zucker zu karamellisieren beginnt. Nüsse und Butter zugeben und eine Minuten schwenken. Nüsse auf einem leicht geölten Teller auskühlen lassen.
- Für den Schokoladenüberzug die Kuvertüre fein hacken. Die Sahne aufkochen, Hitze reduzieren, die Kuvertüre in der heißen Sahne unter Rühren schmelzen und auf dem ausgekühlten Kuchen verteilen. Den Schokokuchen mit dem Haselnusskrokant bestreuen. An einem kühlen Ort oder im Kühlschrank fest werden lassen.

Variante: Statt Traubenkonzentrat eignen sich ebenso Apfel- oder Birnenkraut (z. B. von Clostermann oder Bauckhof) sowie säuerliche Marmeladen oder Gelees.

Für 1 runde Form mit Ø 26-28 cm
schön für Gäste
🕐 60 Minuten
+ 60 Minuten Backzeit

200 g Kuvertüre
(z. B. von Vivani)
6 Eier
1 Prise Salz
200 g Zucker
200 g Butter
50 g Puderzucker
150 g Mehl
150 g gemahlene Haselnüsse
150 g Traubenkonzentrat
(z. B. Composta d'uva von LaSelva)
100 g Haselnüsse
2 EL Zucker
2 EL Wasser
2 TL Butter
100 g Kuvertüre
35 g Sahne

Verführerischer Birnen-Pie mit Honigmarzipan

Unvergesslich, Stück für Stück

Für 1 Backblech bzw. 2 runde Formen à Ø 26 cm
schön für Gäste
🕐 30 Minuten + 30 Minuten Backzeit

125 g Butter · 65 g Zucker · 1 Prise Salz · 1 Ei ·
250 g Dinkelmehl Type 1050 · 150 g Honigmarzipan (z. B. von Lubs) · 200 ml Milch · 4 Eier ·
½ TL Lebkuchengewürz (z. B. von Lebensbaum) ·
etwa 600 g Birnen · 1 EL Butter

- Die zimmerwarme Butter sehr schaumig schlagen, mit Zucker und Salz weiterschlagen. Das
  Ei zufügen und kurz verquirlen. Das Mehl unter
  die Butter-Zucker-Mischung heben und kurz
  verkneten. Vor der Weiterverarbeitung den Teig
  30 Minuten ruhen lassen.
- Honigmarzipan klein schneiden und mit Milch,
  Eiern und Lebkuchengewürz fein pürieren.
- Die Birnen waschen, vierteln, entkernen und
  in Spalten schneiden. In heißer Butter weich
  dünsten.
- Den Teig auf einer leicht bemehlten Arbeitsfläche auf die Größe eines Backbleches ausrollen.
  Dann den Teig vorsichtig auf das Wellholz aufwickeln und auf einem (ungefetteten) Backblech entrollen.
- Die Birnen (möglichst ohne Flüssigkeit) auf
  dem Teig verteilen, die Marzipanmischung darübergießen.
- Den Backofen auf 180 °C (Umluft: 160 °C) vorheizen. Den Kuchen auf der unteren Schiene
  etwa 25–30 Minuten backen.

Variante: Statt Lebkuchengewürz können Sie
auch mit Kaffeegewürz (z. B. von Sonnentor)
aromatisieren.

Luftige Zitrus-Schnitten

Mit Buchweizen-Biskuit-Teig

Für 4 Personen
gut vorzubereiten
🕐 40 Minuten

Erklärung zum Rezept: Gewicht von einem Ei =
1 eischwer. Also: zuerst ein Ei abwiegen, dann die
anderen Zutaten entsprechend.
1 Zitrone · 6 Eier · 2 eischwer Zucker · 1 eischwer
Buchweizenmehl · 1 eischwer gemahlene Haselnüsse · 1 Msp. Backpulver · 300 g Quark ·
300 g Sahne · 50 ml Apfelsaft · 6 EL Süßungsmittel,
z. B. Akazienhonig, Apfelsüße oder Ahornsirup ·
Puderzucker zum Bestreuen

- Zitronenschale abreiben und den Saft auspressen. Ein Backblech mit Backpapier auslegen.
- Die Eier trennen. Eiweiß halbfest schlagen.
- Eigelb schaumig rühren, die Hälfte der Zitronenschale zufügen. Zucker einrieseln lassen
  und die Masse so lange schlagen, bis sie weiß
  ist und eine cremig-feste Konsistenz hat.
- Die Hälfte des Zitronensafts, Buchweizenmehl
  mit Haselnüssen und Backpulver in die Eigelbmasse rühren, anschließend den Eischnee unterheben. Die Masse auf dem Backblech gleichmäßig verteilen.
- Den Backofen auf 180 °C (Umluft: 160 °C) vorheizen. Den Teig auf der untersten Schiene
  10–15 Minuten backen.
- Quark mit etwas Sahne, Apfelsaft, restlicher
  Zitronenschale und -saft sowie Süßungsmittel
  cremig rühren. Die restliche Sahne steif schlagen, unter den Quark heben und abschmecken,
  bei Bedarf nachsüßen.
- Den Biskuitboden teilen. Eine Hälfte mit der
  vorbereiteten Zitrus-Füllung bestreichen, die
  andere Hälfte daraufsetzen.
- Nach dem Erkalten mit Puderzucker bestreuen.

Erdmandel-Ecken

Nussiges für die Teezeit

Für 1 Backblech
gut vorzubereiten
🕐 45 Minuten + 30 Minuten Backzeit

125 g Butter · 65 g Zucker · 1 Prise Salz · 1 Ei ·
250 g Dinkelmehl Type 1050 · 120 g Butter ·
100 g Haselnüsse · 200 g Honigmarzipan ·
150 g Crème fraîche · 250 g Erdmandelflocken ·
Dattel-Birnen-Kraut (z. B. Dattelklax von Arche
Naturküche) · 100 g Kuvertüre · 30 g Sahne

- Für den gerührten Mürbeteig 125 Gramm zimmerwarme Butter sehr schaumig schlagen, mit
Zucker und Salz weiterschlagen. Das Ei zufügen und kurz verquirlen. Das Mehl unter die
Butter-Zucker-Ei-Mischung mischen und rasch
verkneten. Vor der Weiterverarbeitung den Teig
30 Minuten ruhen lassen.
- 120 Gramm Butter schmelzen. Die Haselnüsse
bis zur gewünschten Feinheit hacken.
- Das Honigmarzipan klein schneiden und mit
der geschmolzenen Butter und Crème fraiche
fein pürieren. Die Erdmandelflocken und die
gehackten Haselnüsse untermengen.
- Den Teig auf einer leicht bemehlten Arbeitsfläche auf die Größe des Backbleches ausrollen.
Dann den Teig vorsichtig auf das Wellholz aufwickeln und auf einem (ungefetteten) Backblech entrollen.
- Den Teig dünn mit Dattel-Birnen-Kraut bestreichen. Die Erdmandelmasse gleichmäßig darauf
verteilen.
- Den Backofen auf 180 °C (Umluft: 160 °C) vorheizen. Das Gebäck auf der unteren Schiene
etwa 25–30 Minuten backen.
- Aus dem Backofen nehmen, abkühlen lassen
und noch warm in beliebig kleine Quadrate und
diese diagonal in Dreiecke schneiden.

- Sobald die Ecken kalt sind, die Kuvertüre fein
hacken. Die Sahne aufkochen, Hitze reduzieren,
die Kuvertüre in der heißen Sahne unter Rühren schmelzen, dann vom Herd nehmen. Eine
Seite der Erdmandel-Ecken in Kuvertüre ein-
tauchen und auf einem Kuchengitter an einem
kühlen Ort oder im Kühlschrank fest werden
lassen.

Variante: Statt Erdmandelflocken eignen sich
ebenso gemahlene Haselnüsse, Walnüsse, Mandeln oder eine Mischung daraus.

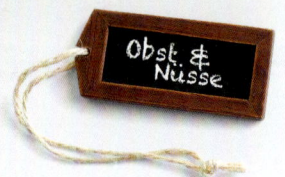

Teekekse

Herrlich mürbe

Für etwa 60 Kekse
gut vorzubereiten
🕐 30 Minuten + 55 Minuten Backzeit

250 g Dinkel- oder Weizenmehl Type 1050 ·
1½ TL Backpulver · 70 g Butter · 70 g Mandeln,
Pinienkerne oder Paranüsse · 2 Eier · 70 g Zucker ·
1 Msp. Bourbon Vanille gemahlen

- Mehl und Backpulver vermischen. Die Butter
  schmelzen. Die Mandeln längs halbieren (Pinienkerne können ganz verwendet werden, Paranüsse grob zerkleinern).
- Eier, Zucker und Vanille zu weißem Schaum
  schlagen, bis sich der Zucker vollständig gelöst
  hat.
- Die flüssige Butter in kleinen Portionen unterrühren, danach die Mandeln untermischen.
  Anschließend rasch das Mehl unterrühren.
- Der Teig hat die Konsistenz wie ein fester
  Rührteig. Auf einer bemehlten Arbeitsfläche
  daraus drei Stränge formen und auf ein mit
  Backpapier belegtes Blech legen.
- Den Backofen auf 200 °C (Umluft: 180 °C) vor-
  heizen. Die Stränge auf der mittleren Schiene
  etwa 20–25 Minuten goldbraun backen.
- Kurz abkühlen lassen. Anschließend die Stränge
  schräg in Streifen schneiden und nochmals im
  Ofen bei 100–120 °C (Umluft: 80–100 °C) 20–30
  Minuten (je nach Dicke der Streifen) trocknen.
  Die Kekse trocknen noch besser, wenn man einen Kochlöffel in die Ofentür klemmt, da dann
  die Feuchtigkeit besser entweichen kann.

Tipp: Das Teebrot in einer Dose aufbewahren,
so ist es mehrere Monate haltbar.

Salzzitronen

Spezialität aus Marokko

Für ein Twist-off-Glas
gelingt leicht
🕐 15 Minuten + 4 Wochen durchziehen lassen

1 Zitrone · 2 EL Salz · 2 EL Zitronensaft · Wasser ·
1 Glas mit Deckel

Die Angaben beziehen sich auf die Herstellung
einer Salzzitrone. Nach Belieben und Bedarf
können Sie gleich mehrere Früchte vorbereiten. Salzzitronen passen klein geschnitten
(einschließlich Schale) gut zu Blattsalaten,
Hülsenfrüchten, Getreidebeilagen, Eintöpfen,
Gemüse-, Fleisch- und Fischgerichten. Der ent-
stehende Sirup kann für Salatsaucen oder zum
Abschmecken Verwendung finden. Bei Verwendung von Salzzitronen und deren Sirup kann
man auf weiteres Salzen in der Regel verzichten. Bei sauberem Arbeiten und bei kühler Lagerung (zum Beispiel im Keller) sind die Zitronen bis zu einem Jahr haltbar.

- Die Zitrone heiß waschen und mit Wasser bedeckt 2 Tage stehen lassen. Nach dem ersten
  Tag das Wasser auswechseln.
- Dann das Wasser abgießen. Die Zitrone 4–5-
  mal längs ein- aber oben und unten nicht ganz
  durchschneiden. Die Zitrone hält also in sich
  noch zusammen.
- Einen Esslöffel Salz gleichmäßig in die Schlitze
  streuen und in ein Glas legen (in das die Zitrone gut hineinpasst, das aber auch nicht zu groß
  ist). Das restliche Salz und den Zitronensaft dazufügen und mit kochendem Wasser aufgießen,
  sodass die Zitrone gut bedeckt ist. Das Glas
  fest verschließen und 4 Wochen durchziehen
  lassen.

Salzzitronen

Erzeuger und Verarbeiter

Biohof Lex
Familie Lex
Emling 17
85461 Bockhorn
Tel: 08122/4477
Fax: 08122/944775
Email: info@biohof-lex.de
Web: www.biohof-lex.de
Verband: Naturland

Chiemgaukorn
Julia Reimann & Stefan Schmutz
Weiding 3
83308 Trostberg
Tel: 08621/806133
Fax: 08621/509798
Email: info@chiemgaukorn.de
Web: www.chiemgaukorn.de
Verband: Naturland

Life Food GmbH – Taifun-Tofuprodukte
Bebelstr.8
79108 Freiburg
Tel: 0761/152100
Fax: 0761/1521015
Email: taifun@taifun-tofu.de
Web: www.taifun-tofu.de

Ruschin GmbH
Großhandel für makrobiotische
Lebensmittel
Monika Ruschin
Altenwall 9
28195 Bremen
Tel: 0421/24360250
Fax: 0421/24360251
Email: team@ruschin-makrobiotik.eu
Web: www.ruschin-makrobiotik.de

Biohof Bohne
Synke & Kay Bohne
Hauptstr. 29 -– OT Stollsdorf
09306 Königsfeld
Tel: 03737/48741
Fax: 03737/44968 37
Email: Biohof_Bohne@web.de
Verband: Gäa

Klosterhof Bünghausen
Peter Schmidt
Hömelstr. 12
51645 Gummersbach-Bünghausen
Tel: 02261/78369
Email: info@klosterbauer.de
Web: www.klosterbauer.de
Verband: Biokreis

JooTi GmbH
Hauptstraße 13 a
82131 Gauting-Unterbrunn
Tel: 089/89557780
Fax: 089/89557781
Email: info@jooti.de
Web: www.jooti.de

Ellenberg's Kartoffelvielfalt GbR
Karsten Ellenberg
Ebstorfer Str. 1
29576 Barum
Tel: 05806/304
Fax: 05806/1250
Email: kartoffelvielfalt@t-online.de
Web: www.kartoffelvielfalt.de
Verband: Bioland

Demeter Obstplantage Neuhollandshof
Thea und Rolf Clostermann
Jöckern 2
46487 Wesel-Bislich
Tel: 02859/325
Fax: 02859/747
Email: info@bio-obst-clostermann.de
Web: www.bio-obst-clostermann.de
Verband: Demeter

... übrigens: Die Lebensmittel, die Sie in diesem Buch sehen, stammen vom Lieblings-Bio-markt unserer Fotografin Meike Bergmann (Foto S. 6):
viv BioFrischeMarkt
Boxhagener Str. 103
10245 Berlin
www.viv-biofrischemarkt.de

Unser Autoren-Duo kauft am liebsten bei:
Bioladen Lebenskunst
Rindermarkt 11
85354 Freising
www.bioladen-lebenskunst.de

TAGWERK BioMarkt Freising
Erdinger Str. 31b
85356 Freising
www.tagwerk.net

Register

**Bibliografische Information
der Deutschen Nationalbibliothek**
Die Deutsche Nationalbibliothek verzeichnet diese Publi-
kation in der Deutschen Nationalbibliografie; detaillierte
bibliografische Daten sind im Internet
über http://dnb.d-nb.de abrufbar.

Programmplanung: Uta Spieldiener
Redaktion: Ursula Brunn-Steiner
Bildredaktion: Christoph Frick
Umschlaggestaltung und Layout:
CYCLUS · Visuelle Kommunikation, Stuttgart

Bildnachweis:
Umschlagfoto: Meike Bergmann, Berlin
Fotos im Innenteil: S. 4: Andreas Sadler; S. 6: Katja Zimmer-
mann, Viv BioFrischeMarkt, Berlin; S. 22: Thomas Sadler;
S. 23: Chiemgaukorn; S. 42/43: Christian Empl; S. 66/67:
Life Food GmbH; S. 87: Petra Ellenberg; S. 105: Katherine
Martin; S. 122/123: Biohof Bohne; S. 144: Simone Kuhnt;
S. 145: Susanne Schulte (rechts) und Simone Kuhnt (links);
S. 160: Marianne Wagner; S. 174/175: Demeter Obstplanta-
ge Neuhollandshof.
Alle übrigen Fotos: Meike Bergmann, Berlin
Foodstyling: Max Faber, Berlin

© 2013 TRIAS Verlag in
MVS Medizinverlage Stuttgart GmbH & Co. KG
Oswald-Hesse-Straße 50, 70469 Stuttgart

Printed in Germany

Satz: CYCLUS · Media Produktion, Stuttgart
gesetzt in: Indesign CS6
Druck: aprinta druck GmbH, Wemding

Gedruckt auf chlorfrei gebleichtem Papier

ISBN 978-3-8304-6444-0

1 2 3 4 5 6

Besuchen Sie uns auf facebook!
**www.facebook.com/
gesundeernaehrungtrias**

Auch erhältlich als E-Book:
eISBN (PDF) 978-3-8304-6445-7
eISBN (ePub) 978-3-8304-6446-4

SERVICE

Liebe Leserin, lieber Leser,

hat Ihnen dieses Buch weitergeholfen? Für Anregungen, Kritik, aber auch für Lob sind wir offen.
So können wir in Zukunft noch besser auf Ihre Wünsche eingehen. Schreiben Sie uns, denn Ihre Mei-
nung zählt!

Ihr TRIAS Verlag
E-Mail Leserservice: heike.schmid@medizinverlage.de
Lektorat TRIAS Verlag, Postfach 30 05 04, 70445 Stuttgart, Fax: 0711 89 31-748